Floridsdorf ㉑

Floridsdorf (21)

Brigitte Biedermann
Barbara Mader

Mit Fotos von filzstiefel.at

METROVERLAG

Inhalt

Vorwort: Ein Blick zurück 6
Woran unser Floridsdorfer Herz hängt 8
Barbara Albert 16
Hannes Androsch 22
Louie Austen 28
Horst Chmela 34
Brigitte Ederer 40
Rudi Klein 46
Brigitte Kowanz 56
Samir Köck 62
August Lechner 70
Michael Ludwig 74
Klaus Mühlbauer 80
Hermann Nitsch 86
Peter Pacult 92
Gerald Pichowetz 98
Erika Pluhar 104
Willi Resetarits 110
Sabine Spindler-Spitzer 118
Brigitte Biedermann 124
Barbara Mader 126

MEIN FLORIDSDORFPLAN

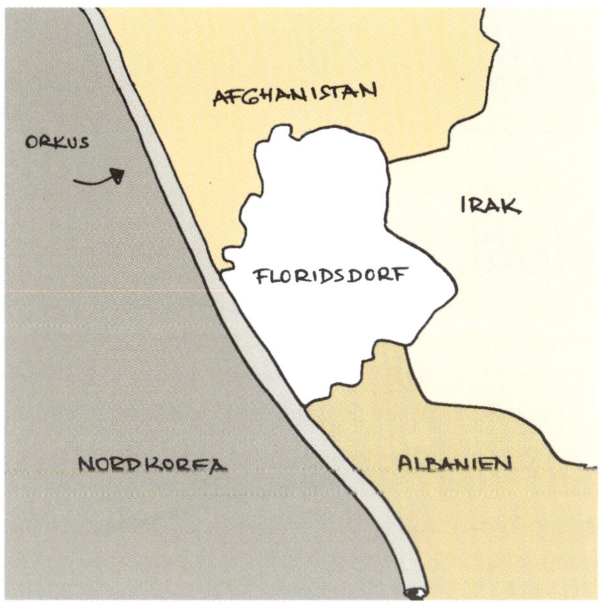

Vorwort: Ein Blick zurück

Ein unterschätzter Bezirk, findet Willi Resetarits. Finden wir auch. Und dann dieses komische Wort: Transdanubien. Wird von Ottakring bis Leopoldstadt und von Liesing bis Simmering verwendet, um die Bezirke Floridsdorf und Donaustadt zu beschreiben. Es bedeutet so viel wie: auf der anderen Seite der Donau. Und behauptet somit, dass es eine richtige Seite gibt. Denn wo es ein Drüben gibt, gibt es auch ein Hier. Hier im ersten oder siebenten Bezirk zum Beispiel. Da, wo die feschen Leute wohnen wollen. Dort drüben, dort sind die anderen, die Exoten von Floridsdorf und der Donaustadt. Wo es Orte gibt wie den Rennbahnweg oder die Großfeldsiedlung. Die Bronx, quasi. Kennt man aus Stadterweiterungsbroschüren aus dem Rathaus und den Chronikseiten der Tageszeitungen. Aufregende Gegend, mit einem Wort.
Wir Floridsdorfer sehen das ein bisserl anders. Wer aufgewachsen ist, irgendwo zwischen Bruckhaufen und Adolf-Loos-Gasse, wer seine ersten Kinobesuche im Poppenwimmer oder im Gloria-Kino erlebt hat, der weiß, wo das richtige Leben daheim ist. Wo es das beste Eis und die schönste Donau gibt. Und die leiwandsten Heurigen, eh kloar. Eh kloar, dass auch der Mundl irgendwann draufgekommen ist und von der Hasengasse in Favoriten in die Großfeldsiedlung in Floridsdorf gezogen ist. Ok, rein objektiv gesehen lässt sich darüber streiten, ob zum Beispiel die Prager Straße jetzt wirklich an jedem einzelnen ihrer Kilometer besonders beschaulich ist. Dafür sieht man aber den Bisamberg! Oder kann, wie der Opa, vom Balkon gleich neben der Nordbrücke vortrefflich den Verkehr von hüben nach drüben beobachten. Ganztägig.
Und die Ortskerne von Leopoldau oder Großjedlersdorf (jawohl, Floridsdorf hat sieben Dörfer, weiß doch jeder) sind sowieso touristenführertauglich.
Aber schöne Kindheitserinnerungen müssen ja keinen Allerweltsschönheits-

kontest gewinnen: Kindheit ist da, wo man das erste Taschengeld in Esspapier investiert hat. Im Falle der Autorinnen im Zuckerlgeschäft im Einkaufszentrum in der Großfeldsiedlung. Fünf Schilling für Esspapier und Gummischlangen.
In diesem Sinne unternehmen wir mit prominenten, gebürtigen Floridsdorfern eine Reise in die Vergangenheit, zu den Plätzen ihrer Kindheit. Dort, wo die Zukunftsträume ihren Ursprung hatten. Wo waren sie Schule stageln (meistens im Café Fichtl), welchen Würstelstand haben sie frequentiert, auf welchem Fußballplatz gekickt und wo ihren ersten Kinofilm gesehen?
19 Leben. 19 Charaktere. 19 Geschichten. „Manche Leute gehen immer weiter und schauen nicht zurück. Ich bin jemand, der gern zurückschaut, ich gehe alte Wege, suche meine alten Spielplätze und sinniere über das Fließen der Zeit", sagt Samir Köck. Für unser Buch haben 19 Menschen noch einmal zurückgeschaut.

Brigitte Biedermann & Barbara Mader

Woran unser Floridsdorfer Herz hängt

Eissalon Benner

Prager Straße 37

Früher in Floridsdorf, das war folgendermaßen: Entweder man ist zum Pisani auf die Brünner Straße gegangen. Oder zum Benner auf die Prager Straße. Beim Benner gab es damals, wenn die Saison zu Ende ging, Gratiseis. Da sind die Kinder aus der Umgebung hingepilgert, auch der kleine Peter Pacult war dabei. Kanister und Tiefkühlbehälter haben sie angeschleppt, um nicht zu wenig zu kriegen. Irgendwann hat sich das aufgehört. Es wurde zu gefährlich, die Kinder haben immer gerauft. Willhelm Benner hat sein Eisgeschäft 1962 aufgesperrt. Gelernt hat er Konditor, beim Gerstner, wo auch der Tichy seine Ausbildung gemacht hat. Der hat den Willi Benner dann später auf die Idee mit dem Eis gebracht. 1959 ist er mit seinem ersten Eiswagerl um die Häuser gezogen, das war noch in Simmering. „Des is ein gutes Geschäft", hat er sich gedacht: „Da kann ich im Winter Schifahren gehen." Das eigene Geschäft musste in Floridsdorf sein, wo er aufgewachsen ist. Seither gibt's den Benner auf der Prager Straße 37. Das Geschäft führen heute Willi Benners Töchter Petra und Sabine. Herr Benner ist 85 und hat sich zum Eisschlecken zurückgezogen. Klassisch. Vanille, Schoko, Erdbeer.

Jüdischer Friedhof Floridsdorf Ruthnergasse 24

Dass es einen jüdischen Friedhof in Floridsdorf gibt, wissen die wenigsten. Er ist auch nicht sehr prominent gelegen. Wer den versteckten Ort in der Sackgasse nicht kennt, biegt nichts ahnend von der Shuttleworthstraße in die Ruthnergasse. Zwischen den ehemaligen Elin-Gründen und den Gleisen der Schnellbahn liegt der von außen völlig unscheinbare Friedhof. Von hier sieht man zur neuen Siemens-Zentrale hinüber, die an die vergangene Glorie Floridsdorfer Industriegeschichte erinnert.

Der 2000 Quadratmeter große Friedhof wurde 1873 von der jüdischen Gemeinde Floridsdorf, das damals noch nicht zu Wien gehörte, gegründet und wird heute von der Kultusgemeinde verwaltet. Von 1873 bis heute fanden hier 1391 Beerdigungen statt. 400 jüdische Familien lebten einmal in Floridsdorf. Viele von ihnen Arbeiter in der nahegelegenen Lokomotivfabrik oder im Landmaschinenbau der Firma Shuttleworth, nach der die Shuttleworthstraße benannt ist. Auch eine Synagoge hat es einmal in Floridsdorf gegeben, in der Holzmeistergasse. Zerstört in der Pogromnacht 1938. Der Friedhof wurde im Zweiten Weltkrieg teilweise verwüstet. Einige prominente Gräber gibt es noch. Hier liegt der erste jüdische Bürger Floridsdorfs, begraben 1883.

Gepflegt wird der Friedhof mit Unterstützung der Bezirksvorstehung und der Kultusgemeinde. Der denkmalgeschützte Friedhof kann in Absprache mit der Kultusgemeinde besichtigt werden. Dafür, dass der verwunschene Garten voll Farn, Flieder und Buchsbaum zwar malerisch verwachsen, aber trotzdem gepflegt ist, sorgt auch der rührige Herr Hartl. Walter Hartl, Sicherheitsfachkraft und Brandschutzbeauftragter bei Jugend am Werk, hat den Schlüssel zu diesem verwunschenen Garten. Mit Gärtnerlehrlingen schaut er hier nach dem Rechten und sorgt dafür, dass das Unkraut sich nicht ganz ungestört seinen Weg bahnen kann.

Hans Grünwald, einer der ersten österreichischen Motorradrennfahrer ist hier begraben, verunfallt 1924 mit 19 Jahren. „Er starb als Opfer seines kühnen Strebens", steht auf dem Grabstein des Knaben. Die Familie erfüllte ihm dennoch seinen Wunsch nach einem in Stein gemeißelten Lorbeerkranz auf dem Grab. Daneben Fritz Heller, der mit Karl Farkas zusammen im Simpl gespielt hat. Schräg gegenüber Ignatz Wodicka, Gründer des ersten Floridsdorfer Kaufhau-

ses am Spitz, das heute das Geschäft Betten Reiter beherbergt. Auf der anderen Seite die kleinen Kindergräber.
Seit dem Jahr 1978 ist der Friedhof offiziell geschlossen. Beisetzungen finden nur noch mit Sondergenehmigung statt. Der Herr Hartl (Bild oben) weiß viel über den Friedhof, kennt die Namen und die dazugehörigen Geschichten. Er versucht der letzten Ruhestätte ihre Würde zu geben. Deshalb auch sein Appell nach unserem Besuch: „Halten Sie die Fotos in Ehren und lassen Sie sie nicht in die falschen Hände geraten."

Gasthaus Birner An der Oberen Alten Donau 47

Im Sommer sitzt man draußen, am Wasser. Schaut auf den Birnersteg hinüber zum Bruckhaufen, zu den Badenden im Angelibad. Beim Birner wird wortwörtlich „über die Gasse" serviert. Die Kellner tragen die Schnitzel aus dem einstöckigen, grünen Haus über die Straße zur Terrasse an der Alten Donau. Im Winter ist es behaglich beim Ofen drinnen. Kommt man beim Birner herein, begrüßt einen gleich der Herr Fabio. Da raunzt der Stammgast: „Heast, i wer nie so freindlich griaßt." Und grinst, ebenso breit und freundlich wie der Herr Fabio. Stammgast Walter arbeitet bei den Stadtwerken, wenn er nicht gerade dort ist, ist er beim Birner. Fabio, halb Italiener, halb Ungar, ist seit 13 Jahren hier Kellner. Er kennt natürlich die Geschichte des Hauses. Bis zur Donauregulierung war die heutige Alte Donau Hauptstrom für den Schiffsverkehr. An den Ufern der Neuschütt, des Mühlschüttls, der Leopoldauer Haide und des Ziegel-Häufls lagen 60 Schiffsmühlen. Eine davon gehörte der Familie Birner. Später betrieben die Birners die sogenannte „Überfuhr" auf den Bruckhaufen. Von 1930 bis 1972 hatte der Birner sogar ein eigenes Bad, das Zehn-Kreuzer-Bad. Das Gasthaus gibt es seit bald hundert Jahren. Spezialität des Hauses ist die Fischbeuschelsuppe. Der Willi Resetarits, er wohnt ja praktisch gegenüber, mag am liebsten Zander serbisch oder Tafelspitz. Der Herr Fabio kann alles empfehlen.

Karl-Seitz-Hof und Pfarre Gartenstadt

Jedleseer Straße 66–94

Ecke Galvanigasse/Dunantgasse

Klassische Wiener Wohnbauarchitektur des Roten Wien, benannt nach dem ehemaligen Bürgermeister. Ein Riesenblock, 1173 Wohnungen. In der Mitte prangt, von Weitem sichtbar, der Uhrturm. Die Anlage wird auch als „Gartenstadt" bezeichnet. Monumental ist auch der Turm der 1964 gebauten Pfarre Gartenstadt, der wie eine Pyramide 40 Meter in die Höhe ragt.

Pfarrkirche Großjedlersdorf

Amtsstraße 21–25

Die Wallfahrtskirche Klein-Maria-Taferl, ein Stück Dorfidylle im 21. Sonntagvormittag geht es zuerst in die Messe und dann zum Heurigen.

Fleischerei Schuller **Anton-Störck-Gasse 86**

Was anderswo für schreckensgeweitete Augen sorgt, hat in Jedlesee eine lange Tradition. Rudolf Schuller verkauft hier in vierter Generation Pferdeleberkäs. Der macht so süchtig, dass toute Floridsdorf zum Schuller pilgert. Peter Pacult exportierte die Jedleseer Spezialität sogar nach Deutschland, weil „die ja nix von Wurscht verstehen".

Heuriger Bernreiter **Amtsstraße 24–26**

Jedlersdorfer Heurigentradition seit 1848. Die Weingärten liegen an der Südseite des Bisambergs. Bernreiters Weine sind in jeder Hinsicht ausgezeichnet, Schick und Mick sind hier trotzdem nicht zu Hause. Bei Fleischlaberln und Grünem Veltliner trifft man hier alteingesessene Flodorfer und politisierende Pensionistenrunden.

Aida Café-Konditorei

Schönthalergasse 1

Nirgendwo ist die Kombination von braun und rosa so schön wie in der Welt der Aida. Cremeschnitte, Himbeerbombe und Topfenstrudel schmecken seit Jahrzehnten gleich gut. Das ist noch Zuverlässigkeit. Und die Kellnerinnen, die wie hier in der Schönthalergasse seit unserer Kindheit mit Frau und Vorname angesprochen werden, sehen in ihren braun-rosa Uniformen und trotz rosa Söckchen und Gesundheitsschuhen einfach todschick aus. Spezialität in der Zentrale Großfeldsiedlung: ein Kilo Cremeschnitten-Bruch zum Mitnehmen. Der Samstagnachmittag ist gerettet!

Chinesisches Restaurant Lucky House

Herzmanovsky-Orlando-Gasse 7

Ein echter Geheimtipp mitten in der Betonwüste. Seit 13 Jahren bringt Familie Xing den Großfeldsiedlern asiatische Lebensweisheiten mit Acht Schätzen und Glückskeksen näher. Vor der Peking Ente wurde hier Extrawurst verkauft. Der kleine Lebensmittelgreißler namens Herzmanovsky-Orlando-Markt war der letzte seiner Art, hier kauften die Kinder aus der Großfeldsiedlung Panini-Pickerln, Gummischlangen und Wurstsemmeln. Die Papas und Opas besorgten sich hier ihr Sechser-Tragerl. Die Familie Xing lebt seit 23 Jahren in Wien, von Mariahilf ging es direkt in die Großfeldsiedlung. Zuletzt wurde mit einer zweiten Filiale bis zum Rennbahnweg expandiert.

Café Fichtl

Schlosshofer Straße 30

Die Bastion Floridsdorfer Gastlichkeit. Die Schulzeit hätten wir nicht überstanden ohne das Fichtl und den Herrn Bertl. Er gehört zum Inventar wie die rauchgeschwängerte Luft. Streng war er immer, der Herr Bertl. Hat uns Anstand und Benehmen gelehrt.

Islamisches Zentrum

Am Bruckhaufen 3a

Das ist Floridsdorfer Weltläufigkeit: Am Bruckhaufen herrscht friedliche Koexistenz zwischen Katholischer Kirche und Islamischer Gemeinschaft. 1979 wurde die Moschee mit dem 32 Meter hohen Minarett von Baumeister Lugner gebaut und von Bruno Kreisky eröffnet.

Produzentin

Barbara Albert, geboren am 22. September 1970. Regisseurin und Autorin

In der Nordrandsiedlung stehen fast nur Einfamilienhäuser, viele aus den 50er-Jahren, manche davon sind verdeckt von Thujenhecken. Aber auch Kirschbäume und richtig schöne Obstgärten gedeihen hier. Gegenüber der Schnellbahn-Station Leopoldau gibt es ein Eisgeschäft und einen Kleingartenverein. Das Gasthaus „Frohes Schaffen" bietet traditionelle Wiener Küche mit Saisongerichten an. Mittwoch ist Schnitzeltag. Es gibt Pfirsichspritzer zu trinken und Ernte 23 zu rauchen. Die Kinder kriegen Pinocchios Leibspeise, Semmelknödel mit Bratensaft. Die Nordrandsiedlung liegt links von der Schnellbahn, rechts davon ist die Großfeldsiedlung. Der Nordrand der Stadt. Barbara Albert ist hier aufgewachsen, wenige Gehminuten vor dem Schild der Stadtgrenze. Der Film „Nordrand" hat natürlich mit ihrer Kindheit hier zu tun. „Nordrand" war der Übergang von zu Hause nach draußen. Ein Film über die Jasmin und die Tamara. Mädchen wie sie wuchsen hier in den 70ern auf. „Eine meiner Volksschulfreundinnen hieß Jasmin. Ich hab sie dann aus den Augen verloren, sie ist in die Hauptschule gegangen, ich ins Gymnasium. Ihren Namen hab ich später im Film verwendet, aber die Figur der Jasmin hat mit ihrer eigenen Familiengeschichte nichts zu tun." „Natürlich bin ich durch Floridsdorf geprägt. Aber die Eltern waren ja nicht von hier. Mein Vater Tiroler, der Großvater aus Siebenbürgen, die Mutter aus Hietzing, Akademiker. Das war selten im 21. Da war ich natürlich Außenseiterin."
Barbara Albert, geboren 1970 in Hadersdorf. Ein paar Jahre hat die Familie im 19. gelebt. Nach dem Umzug in die Nordrandsiedlung kam der Pfarrkindergarten. Blockflöte spielen und Maikäfer schütteln. Damals waren die Bäume ganz klein. Im Hort war sie nie. Die Mama, ursprünglich Lehrerin, war daheim. Die Mutter war katholisch, deshalb war Barbara auch im Pfarrkindergarten. In der Volksschule in der Lavantgasse war der kleinen Barbara – die Familie nannte sie Bärbel – recht fad. Älter war sie und wahrscheinlich reifer, sie wurde erst kurz vor sieben eingeschult. Interessant war der Christian, in den Barbara in der ersten Klasse verknallt war. Der war klein und blond, am Schulweg kam er ihr immer entgegen. Vier Kinder waren sie daheim, Ulrike, die Älteste, geboren 1969, Barbara, 1970, Nikolaus, 1973, und Veronika, 1978. Die Mutter lebt heute noch in der Nordrandsiedlung, im Haus in der Triestinggasse, wo die Familie später hingezogen ist und wo Barbara ihr erstes eigenes Zimmer bekommen hat. 18 muss sie da gewesen sein. Eine schwer einordenbare Familie. Ein bisschen

Pfarrkindergarten: Blockflötespielen und Maikäferschütteln. Damals waren die Bäume ganz klein.

alternativ vielleicht. Hainburg war jedenfalls großes Thema daheim. Und demokratische Mitbestimmung. Als die Eltern eine neue Wohnzimmergarnitur anschafften, protestierten die Kinder dagegen. Plakate und eine Demo im Wohnzimmer. Die Mutter hat die Fotos davon noch, eingeklebt in ein Album.
Heute kommt Barbara Albert regelmäßig auf Besuch. Dann spielt ihr dreijähriger Sohn mit dem gleichaltrigen Neffen. Hier heißt sie auch immer noch Bärbel. Die, die sie heute kennen, sagen Barbara zu ihr, auch ihr Sohn nennt sie so. Als Babsi hat sich Barbara ein einziges Mal ausgegeben, da war sie 13 und wollte zwei Mädchen im Autobus imponieren. Die fand sie irrsinnig cool. Die eine war die Tochter von der Hilde Hawlicek, die auch in Floridsdorf, in der Schwarzlackenau, gewohnt hat.
Aufgewachsen sind die Geschwister Albert in einem Genossenschaftsbau in der Kainachgasse. Hundert Quadratmeter, zu sechst nicht immer ganz einfach. Ein Jahr lang waren sie sogar sieben, haben ihre Cousine beherbergt. „Drei pubertierende Mädchen in einem Zimmer, da waren unsere Eltern schon überfordert. Kaum war meine Mutter in der Waschküche, waren wir schon fort." Am Ende der Straße, kurz vor der Stadtgrenze, war die Fußballwiese. Heute ist sie eingezäunt. Um die Wiese daneben ist jetzt auch ein Zaun. Für Hunde reserviert. Vor

dem Spielplatz stand der Hausmeistersohn Friedl und fragte: „Was bist? Rapid oder Austria?" Wenn man das Richtige antwortete, durfte man rein. „Blöd, ich war Sportclub, so wie der Christian aus der Schule."
Im Gymnasium war Barbara Albert zuerst in der Ödenburger Straße, wo der Vater vom Andy Borg Schulwart war und wo Thomas Forstner im Raucherkammerl gesungen hat. Matura in der Hegelgasse, mit 21 Filmakademie. Ausgezogen mit 22, heute lebt sie in Berlin. Floridsdorf ist vorerst filmisch auserzählt. Mit 17, 18 begann das Interesse für Fotografie, das Schreiben war schon lange vorher da. Die ersten Fotos beim alten Gaswerk. Das Gaswerk Leopoldau war eines von zwei städtischen Gaswerken zur Erzeugung von Stadtgas und Kohle. Heute ist es stillgelegt, zum Teil abgerissen. Die Kulisse ist immer noch beeindruckend.
In der Konditorei war Barbara Albert nicht direkt auf Motivsuche. Obwohl die Aida-Filiale in der Schönthalergasse dann in Nordrand mitgespielt hat. „Mit 13 war ich am liebsten bei der Aida Cremeschnitten essen. Da gab es den billigen Tortenbruch, weil gleich daneben die Fabrik war." Dünnsein war schon ein Thema. Bei der Sportunion war sie nur zweimal, wollte immer turnen, war aber nicht sportlich, in ihren Augen nicht dünn genug, zumindest nicht im Vergleich zur Schwester. Ungefähr zur gleichen Zeit, mit zwölf, der erste Zungenkuss. Einer aus Gerasdorf, bei einer Party in einem Reihenhaus in der Großfeldsiedlung. „Es war nicht sehr romantisch." Mit 13, 14 waren sie daheim drei halbwüchsige Mädchen in einem Zimmer. „Wir waren schon arg. Es war eine wilde Zeit." Die erste Single war Nenas „Nur geträumt", die erste LP von Bob Marley. Über die ältere Schwester hat sie die Beatles kennengelernt, dann David Bowie, später The Cure, natürlich. Talking Heads. Noch später Hendrix, Janis Joplin, Pink Floyd. „Im Auge Gottes hab ich zehnmal ‚The Wall' gesehen. Meinen ersten richtigen Freund hab ich beim Deep-Purple-Konzert in der Stadthalle kennengelernt. Der Tommy aus Kaisermühlen. Er war drei Jahre älter als ich, war Sänger und sah aus wie Jim Morrison."
Die ältere Schwester war immer unterwegs, Barbara bald auch. „Meistens waren wir im Ersten. Auf der Kärntner Straße. Wir haben geschnorrt, die Leute um fünf Schilling angebettelt. Damit sind wir dann ins Ma Pitom, später in den Volksgarten. Ich hab mein Geld oft anderen gegeben, das war für mich eher Sport. Meistens waren wir in Parks und auf der Straße." In Floridsdorf selber war Barbara selten. „Nur manchmal mit 13 im Turek-Café am Franz-Jonas-Platz."

Links: Picknick mit Schwester Ulrike

Rechts: Barbara mit 14: „Trotz allem bin ich behüteter aufgewachsen als andere."

Mit 14 war sie im Schwarz-Weiß-Look, kurz machte sie auf Punk, „meistens am Schwedinger. Eine Freundin war mit einem Obdachlosen zusammen, der dort in der Tiefgarage schlafen konnte." Die Haare kurz, langes Zopferl. Später dann Hippie. Die Haare lang wie jetzt und rot gefärbt. Einige Leute von früher sind abgestürzt.

„Ich bin in Floridsdorf trotz allem behüteter aufgewachsen als andere, ich spielte Cello, Klavier, Flöte. Geschrieben hab ich immer. Ich wollte immer mehr lernen. Die Schule hat das nie gefördert."

„In Floridsdorf hab ich viel Leben mitgekriegt. Die Polizei bei den Nachbarn, die Schwangerschaften mit 16, das Leben ist näher, an einem Ort, wo so viele Menschen leben. Das war auch inspirierend, da gab's Stoff für Geschichten. Natürlich muss man aufpassen, dass man keinen Sozialporno macht. Jetzt kann ich über Floridsdorf nicht mehr so viel erzählen. ‚Nordrand' war vieles, was ich gesehen habe. Dieses Mädchen auf dem Eis. Ich hab mit 16 im Winter mit einer Gruppe von Freunden am Entlastungsgerinne ein Mädchen gefunden, auf dem Eis, 13 und halb erfroren. Sie war betrunken und wurde von zwei Burschen liegen gelassen. Wir haben sie hinaufgetragen, sie war dann auf der Intensivstation, das war wirklich alles sehr dramatisch. Eine Erfahrung, die mich damals sehr gerührt hat. Das Bild des Mädchens, das auf dem Eis liegt, hat sich eingebrannt, und das habe ich für den Film benutzt."

Der schöne Hannes

**Hannes Androsch,
geboren am 18. April 1938.
Industrieller, Unternehmer,
ehemaliger Vizekanzler,
Bundesminister für Finanzen
und Generaldirektor der CA.**

Androsch und die Stimme des Volkes": 1973, im Zuge der Einführung der Mehrwertsteuer, brachte der bisdahin jüngste Finanzminister der Geschichte, der fesche Hannes, eine Langspielplatte mit einer Rede zum diesem Thema heraus. Titel: „Wer lacht, hat mehr vom Zahlen. Sachliches und Satirisches zur Mehrwertsteuer." Der „Hannes im Glück" war er damals. Aber vielleicht nicht immer.

Die Brünner Straße geht es hinaus in Richtung Stammersdorf. Heute stehen hier Wohnbauten aus den späten 90er-Jahren. Wie Kulissen wirken die dichten Häuserreihen, die vortäuschen sollen, dass hier Stadt ist. Hinter den Wohnblocks liegen Felder und Äcker, der Marchfeldkanal schlängelt sich in Richtung Nordosten und überquert bei Stammersdorf die Stadtgrenze. Als Hannes Androsch ein Kind war, waren auch die engen Häuserreihen noch nicht hier. Bis auf die Straßenbahn weit und breit nichts Städtisches. Links der Brünner Straße liegt heute noch das Dorf Großjedlersdorf, rechts zweigt die von Einfamilienhäusern gesäumte Gerasdorfer Straße ab. Hier steht heute noch das Haus, in dem Hannes Androsch groß geworden ist.

Die Eltern waren Steuerberater, nicht die klassische Arbeiterfamilie aus Floridsdorf. Trotzdem: „Wir waren ein politischer Haushalt." Schon der Urgroßvater war beim allerersten 1.-Mai-Aufmarsch 1890 dabei. Daheim wurde beim Frühstück die Arbeiterzeitung diskutiert. Sein Freund und Biograf Beppo Mauhart schreibt: „Hannes Androsch, behaupten seine engsten Freunde, war schon als Kind nicht sehr jung." Erwachsen werden musste er schnell. „Mit 20 hatte ich anderes zu tun als Rockmusik und Diskotheken." Er studierte Welthandel, begründete Mitte 20 seine berufliche Existenz, heiratete 1964 und kümmerte sich um seine Familie und seine Mutter. Mit 29 war er Nationalratsabgeordneter. Politischer Funktionär wurde Hannes Androsch bereits als Teenager, Mauhart beschreibt ihn als „selbstbewusst frech, neidproduzierend erfolgreich, leidenschaftlich grenzgängerisch." Der junge Feschak war ein leidlich guter Schüler im Gymnasium Franklinstraße 21, dem ersten Gymnasium Floridsdorfs. Vom altkatholischen Religionsprofessor, der ein Freund der Familie wurde, hat er viel gelernt. Andere Lehrer hat er nicht selten sekkiert: Den triefend nassen Schwamm auf den Spalt der geöffneten Klassentür gelegt oder den schweren Kasten vor die Tür geschoben, damit der Lehrer erst gar nicht hereinkam. Was man halt so macht als Jugendlicher. Besonders den Geo- und den Geschichtelehrer mochten Hannes und seine Schulkameraden nicht. Man landete öfters beim Direktor. Ob er eine Krätz'n war? „Wir waren lebendig."

Mit 14 war Androsch bei der Sozialistischen Jugend, dann bei den Sozialistischen Mittelschülern. Spätestens seit damals war Politik Thema. Dabei wollte der spätere Politiker und Unternehmer als Kind etwas ganz anderes: Zahnarzt oder Atomphysiker werden. Aber eigentlich ist bei ihm alles politisch. Wenn er über seine Heimat Floridsdorf spricht, beschreibt er das ehemalige Überschwemmungsgebiet, die großen Hochwasserkatastrophen und die Donauinsel als „Resultat der vorausschauenden Bemühungen für nachhaltigen Hochwasserschutz." Anfang der 70er durchaus ein Politikum, das die damals in Wien regierenden Koalitionspartner SPÖ und ÖVP spaltete. Auch die Kindheitserinnerungen sind politisch. Als die erste Wohnung der Eltern in der Freytaggasse im Bürgerkrieg 1934 beschossen wurde, war Hannes noch nicht auf der Welt, aber man hat ihm oft davon erzählt. An die Bombenangriffe im Zweiten Weltkrieg erinnert er sich gut. „Mit sechs Jahren habe ich bereits sehr viel mitbekommen. Diese Eindrücke bleiben." Nach dem Krieg spielten die Kinder trotz Verbot mit Granaten. „Zwei Jugendliche aus der Nachbarschaft kamen dabei zu Tode." Dass der Bub Hannes „schon aus eigenem Verständnis nie mit Faschisten oder Nazis zu tun haben wollte", hat mit einem besonders finsteren Ereignis seiner Kindheit zu tun: „Es war bei den Äckern an der Ruthner Gasse, ich war fünf oder sechs Jahre alt. Zwei Hitler-Jungen zwangen mich, Gras und Erde hinunterzuwürgen."

Leben abseits der Politik war vom Sport dominiert. Er spielte Tennis, gewann als Bub die Wiener Schimeisterschaft für Schüler, war im Arbeiter-Turnverein und schoss

„Schmäh ist eine positive Lebensphilosophie und daher notwendigerweise Bestandteil der österreichischen Politik, ganz besonders beim Finanzminister.“

als Handballer Tore im Polizeisportverein und dann für den Wiener Sportklub. Mit 16 bekam der später als „Nadelstreif-Sozialist" verschriene schöne Hannes das erste Sakko. Von einem Maßschneider, Kunde der elterlichen Steuerberatungskanzlei, der seine Rechnung nicht bezahlen konnte. „Meine Oma hat mir eingefleischt, dass man immer ordentlich angezogen sein soll." Oma Androsch ging stets mit Hut in die Kirche und schwärmte gerne vom Wiener Bürgermeister Seitz, der als einer der best angezogenen Wiener galt. „Man muss ja kein Dressman sein, aber schon der Respekt vor dem Gegenüber verlangt ordentliche Kleidung. Das war auch immer ein Grundsatz der Arbeiterbewegung."

Hannes Androsch ging als jüngster Finanzminister Anfang der 1970er bei Freund und Feind als „Hannes im Glück" in die Geschichte ein. „Schmäh ist eine positive Lebensphilosophie und daher notwendigerweise Bestandteil der österreichischen Politik, ganz besonders beim Finanzminister", sagte Androsch 1974 in einer Talkshow. Schon in der Schule hat Hannes Androsch geschauspielert. Ob die Bühne jemals eine Berufsperspektive war? „Als Politiker muss man genug schauspielern." Das Gastspiel in der Politik endete 1981.

Von Floridsdorf to Las Vegas

Louie Austen, geboren am 19. September 1949. Sänger und Entertainer

Das Haus steht nicht mehr. Dort, in der Koloniestraße, wo einmal der ziegelrote Eisenbahnerbau war, ist jetzt eine verwilderte Brachfläche, die man durch einen schiefen Bretterzaun sehen kann. Ein Bauzaun, auf dem Fertigteilhäuser beworben werden. Schön war es damals hier, das Elternhaus war umgeben von Gärten. „Mein Geburtshaus war ein quadratischer Ziegelbau wie man ihn heute nicht mehr sieht. Traurig, dass alles weg ist."

Louie Austen hat einmal Alois Luef geheißen, so wie sein Vater. Rufname Loisl oder Luigi. Bis ihm ein Musikmanager in Australien gesagt hat, dass er sich mit dem Namen brausen gehen kann. „Wie heißt du? Alois? Geh, schleich di. Mit dem Namen kannst kellnerieren oder ausmalen." Seit damals heißt er Louie Austen.

Gegenüber der Eisenbahnerhäuser war der FAC-Platz, Floridsdorfer Athletiksport-Club. Fußball gespielt hat der Alois nicht. „Des ist mir am Arsch gegangen, dass da elf Hanseln herumrennen und keiner macht's, wie sich's g'hört. Dass man nur so gut sein kann wie die ganze Mannschaft, das mag ich nicht. Ich bin Einzelkämpfer." Lieber spielt er Tennis. „Landesliga, 60 plus." Wegen des Tennisplatzes in der Hopfengasse ums Eck von seiner alten Wohngegend ist er heute noch manchmal hier. Die erste große Liebe, die Elli Moser, hat auch hier gewohnt. Sechs Jahre war sie alt und hatte wunderschöne rote Haare. Sie hatte natürlich keine Ahnung von ihrem Verehrer. Freunde gab es eigentlich keine. Mit dem Hannes aus dem Eisenbahnerbau ist er in den Prater wuzzeln gegangen. Das war's.

Mama Gertrude arbeitete als Tagesmutter. „Ich hab immer auf irgendwelche Babys aufpassen müssen." Später hat sie sich weitergebildet und ist eine erfolgreiche Buchhalterin geworden. Der Vater war Schlosser bei der Eisenbahn, Werkmeister. Dreimal im Jahr hat er in der Eisenbahner–Mannschaft Fußball gespielt. Mäßig erfolgreich. „Er war kein Held. Das hat mich als Bub sehr gestört. Später hab ich mir andere Leitwölfe gesucht."

„Als Kind war ich wie ein Außerirdischer. Ein Marsmensch. Ich hab mich immer anders gefühlt. Als würd ich da nicht hergehören." Das Schlimmste war, wenn der Vater in die Lobau fischen gegangen ist. Unerträglich war das. „Für mich war das krank, dass da erwachsene Männer um die Wette angeln und dabei Tiere quälen." Im Eisenbahner-Bad an der alten Donau ist dem Alois klar geworden: „Ich verbringe mein Leben unter Wasser." Am besten als Tiefseetaucher. „So wie der Jacques Cousteau oder der Hans Hass wäre ich gern gewesen. Meeresbio-

loge." Super waren deshalb die Eisenbahner-Urlaube in Jugoslawien. Mit dem Zug ist man dort hingefahren, privat untergekommen. Der Loisl verbrachte den Urlaub unter Wasser.

Die größte Entdeckung der Kindheit war das Amerikahaus am Friedrich-Schmidt-Platz. Die Hauptschullehrerin hat ihn dort hingeschickt. Melanie Machek hat sie geheißen, eine großartige Frau. „Der Frau Machek verdanke ich viel. Sie war eine Universalgelehrte." Im Amerikahaus sah er die erste frei zugängliche Bibliothek – „ein Wahnsinn!" Daheim gab es keine Bücher. Die Eltern waren arme Leute, die hatten nur ein Gesundheitsbuch und ein Heiligenbuch. Und ein Lexikon. „Das hab ich auswendig gelernt. Ich wollte immer alles wissen. Ich hab alle Hauptstädte auswendig können."

Abenteurer hätte er werden wollen, aber dann war da auch die Musik. Sein erstes Instrument war ein Akkordeon, das hat ihm der Sandrieser Hans von nebenan verkauft. „Da haben mir meine Eltern sehr imponiert. Das waren arme Leute, sie wussten nicht, wie sie das Essen bezahlen sollen, aber sie haben mir ein Akkordeon gekauft und mir einen Musiklehrer bezahlt." Abenteuer waren die Busreisen, die er als Kind allein durch die Stadt unternommen hat. „Ich hab geglaubt, ich bin der größte Forscher der Welt." Dann endlich entdeckte er die Welt der Abenteuerromane. „So macht das Leben einen Sinn, hab ich mir gedacht. Ich wollte so sein wie die. Wie das gehen sollte, wusste ich nicht." Der Plan war: „Ich gehe in den Hindukusch."

Links: Dort, in der Koloniestraße, war einmal ein ziegelroter Eisenbahnerbau. Das Haus steht nicht mehr.

Rechts: Für den Loisl war klar: „Ich werde Tiefseetaucher."

Statt in den Hindukusch musste Alois in die HTL. „Fünf Jahre Technik. Unpackbar." Aufmucken wäre unvorstellbar gewesen. Es gab keine Selbstbestimmung. Außerdem taten ihm die Eltern leid, die sich so bemühten um den Buben. Die HTL hat er fertig gemacht. „Leider." Mit elf die erste Gitarre, später sogar einen Flügel. In einer Wohnung, die 58 Quadratmeter groß war. Dann der erste Kassettenrekorder. „Ich hab mich beim Singen aufgenommen, mir das dann angehört und in Folge drei Monate nicht mehr mit mir kommuniziert." Es war grauenhaft, grottenschlecht. Lieber Kohlenträger oder Gärtner werden. So gut wie die Götter im Radio würde er nie werden. Mit 16 hat der Loisl es trotzdem probiert. Beim Bronner. „Ich hab ihm einen Brief geschrieben: ‚Wie werde ich Schlagersänger?'" Der schrieb zurück, lud ihn in die Fledermaus-Bar ein. „Ich zog meinen guten schwarzen Anzug an. Bis dahin hab ich ja gedacht, es ist möglich, ohne Publikum Karriere zu machen. Bei uns in die Wohnung hat ja außer dem Flügel nix hineingepasst." Mit Puls 350 ist er auf den Knien da hinein. „No jo. Mit Herzrasen und schlotternden Knien hab i dort was obezittert. Der Bronner war höflich, zuvorkommend und hatte die Größe, zu sagen, dass er mein Talent aufgrund dieses Vortrags nicht beurteilen könne. Ich wollte ihm das noch vor seinem Tod sagen." Bronner riet ihm zum Konservatorium. „Ich wollte aber keine Oratorien singen sondern Bing Crosby." Das erste Vorsingen im Konservatorium ging daneben. „Ich bin dort im Boden versunken. Das Lied, das ich vorbereitet hatte, war Krambambuli." Die Ausbildung hat er dann bei der Frau Prohaska-Kurz gemacht. Und es später doch zum Entertainer geschafft. Eine Zeit lang war Alois Luef Schauspieler am Volkstheater, eher kleine Rollen. „Man sagte mir, dass ich es später, ab 50 mit Charakterrollen schaffen werde. Weil ich so schirch war." „Ich hab immer gedacht, Österreich ist ein Schrebergarten." Den Schrebergarten hat er 1972 zum ersten Mal verlassen. Erste Station war Südafrika, später Australien. Rhythm & Blues in New York. Dann Pittsburgh, Las Vegas. Singen wie Dean Martin und Frank Sinatra. 1980 ist er nach Wien zurück, um die Eltern zu besuchen. Ein Kumpel erzählte von einem Angebot als Bar-Sänger im Hilton. Er blieb.

„So wie der Jacques Cousteau oder der Hans Hass wäre ich gern gewesen. Meeresbiologe."

Einmal Horst, immer Horst

Horst Chmela, geboren am 29. Oktober 1939. Musiker und Komponist

Ein Reihenhaus in der Großfeldsiedlung. Robert-Lach-Gasse. Nein, ganz falsch. Eigentlich müsste die Adresse Horst-Chmela-Weg heißen, so steht es nämlich auf dem Schild vor dem Eingang zum bunkerartigen Bau aus den 1970er-Jahren. Hier lebt Horst Chmela mit Frau Ingeborg und dem schwarzen, riesigen Schäferhund Basco. „Den Namen habe ich ihm gegeben, weil er scharf wie Tabasco ist", lacht Chmela schelmisch, wenn Fremde das Haus betreten. Den Besuchern wird es dann ein bisschen unheimlich.

Eigentlich ist der Horst ja kein geborener Floridsdorfer, aber nachdem er seit 40 Jahren hier wohnt, darf er sich ganz ungeniert als solchen bezeichnen.

Aufgewachsen ist er in Ottakring, an der Ecke Wilhelminenstraße/Rückertgasse. Arm war die Familie, er und seine zwei Geschwister lebten in „Zimmer, Küche, Kabinett", fließendes Wasser gab es nur am Gang. Große Pläne, was man denn werden wollte, hatte niemand. „Es war klar, dass man ein Handwerk lernt." Die Schwester war bei den Bundesbahnen, sie schaffte es bis zu einem Posten mit dem beeindruckenden Namen „Bundesbahnoberrevidentin". „Es gab nur sechs oder sieben Frauen in Österreich, die es so weit gebracht haben." Der Horst wurde Schuhmachermeister. Er lernte unter anderem in Italien. „In Lignano ging ich bei einem Modista in die Lehre." Der war schon bald so angetan von Horsts Entwürfen, dass er sie unter seinem eigenen Namen produzieren ließ. „Ich designte Schuhe mit elf Zentimeter hohen Absätzen. Nirgends in ganz Wien hat man damals solche Schuhe bekommen." Ein Trendsetter sei er schon immer gewesen, seiner Zeit voraus und ein Designer durch und durch: „Ich war der Versace der Schuhbranche."

Irgendwann ließ das Interesse für die Schuhbranche nach. Das Herz schlug laut und deutlich für die Musik. Schon in der Volksschule sang er im Schulchor. Mit 17 Jahren schenkte ihm sein älterer Bruder die erste Gitarre. Elvis Presley, Fats Domino und Jerry Lee Lewis spielte er bald wie im Schlaf. Der Rock'n'Roll hatte es dem Horst angetan. Die ersten Auftritte im Jugendklub „Schwarzer Panther", ein wildes Lokal. Wild war auch der Horstl. 19 war er, als er im Jugendklubzentrum die um fünf Jahre jüngere Ingeborg kennenlernte. Liebe auf den ersten Blick war es. „Zwei Jahre samma miteinander gangen, bis sie im heiratsfähigen Alter war." Die Hochzeit fand 1965 statt.

1960 gründete er seine erste Band, die „Sunset Four". Eine Truppe junger Männer tingelte durch Österreich, trat zuerst in „miesen Lokalitäten auf, echten Rumsn

Papa Horstl mit Tochter Daniela (links) und Sohn Horsti.

halt". Mit der Zeit wurden die Lokalitäten besser. Mit 23 Jahren verdiente Horst Chmela „doppelt so viel wie ein normaler Arbeiter". Doch die Musik war nicht nur Spaß, sondern auch mit Mühe verbunden. Selten daheim, immer in einem anderen Hotel und viel in fremden Betten. „Wir spielten siebenmal pro Woche. Das hieß sechs Stund am Tag auf der Bühne stehen."

Nach Floridsdorf verschlug es Chmela durch die Wohnungsnot in Ottakring. „Wir haben eine Wohnung gesucht im Bezirk. Mit der Band waren wir schon in der Hitparade auf Nummer 2, vor uns waren nur die Beatles. Wir haben mehrere Ansuchen gestellt, auch beim Bezirksvorsteher waren wir. Zwei Wohnungen haben wir ang'schaut. Die waren furchtbar, im vierten Stock ohne Lift, und von den engen Gassen hob i a scho gnua g'hobt. Dann hamma von der Großfeldsiedlung g'hört."

Die Großfeldsiedlung war damals eine Gstätten. „Mitten auf der Wiesn ist eine Konditorei g'standen. Das war's dann aber a scho." Aber dem Horst und seiner Ingeborg hat es hier gefallen. Nach der Geburt des ersten Sohnes, Horst jr. 1974, wurde kein Gedanke mehr an das Wohnen in der Stadt verschwendet. Im Garten steht eine Tanne, die hat Horst bei der Geburt seines Sohnes gepflanzt, winzig war sie damals. Heute ist sie längst über das Haus hinaus gewachsen. Die Zeit vergeht schnell. Ein bisschen melancholisch darf man angesichts dessen schon werden. 1977 kam Tochter Daniela auf die Welt. Beide Kinder wohnen

Verbatim

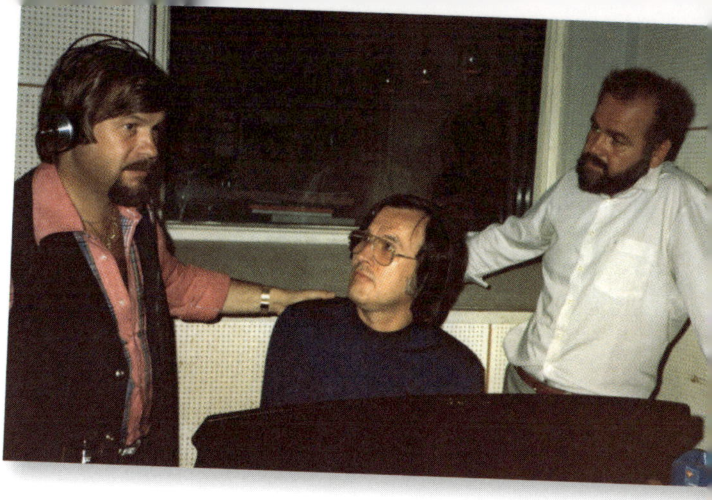

Im Tonstudio mit Wienerlied-Legende Karl Hodina (Mitte).

noch immer in Floridsdorf und darauf ist der Papa auch stolz. „Meine Kinder san echte Floridsdorfer." Daniela hat ein Nagelstudio auf der Wagramer Straße („Wahnsinnsnägel macht die, sag ich Ihnen.") und Horst jr. tritt in die Fußstapfen des Vaters. Er managt den Vater und hat eine eigene Rock´n´Roll-Band namens „Der Horst".
Noch ist der Junior bei Weitem nicht so berühmt wie sein Vater, dem 1970 mit dem Lied „Einer hat immer das Bummerl" ein Superhit gelang. Der große Durchbruch war nicht von langer Hand geplant, Horst schrieb sich in dem Gassenhauer einfach die Enttäuschung von der Seele. Der Erfolg mit „Sunset Four" stellte sich zwar ein, aber die schnulzigen Schlager waren ihm dann doch irgendwann zu banal. Das Bummerl bescherte ihm Berühmtheit über die österreichischen Grenzen hinweg. 200 Cover-Versionen gibt es von dem Lied. Von den „Spitzbuben" über die „Kasermandln" bis Karl Moik und Vico Torriani. Es folgten 1980 „Der depperte Bua" und 1991 „Her mit meinen Hennen, der Gockola ist da". Und damit viel Ruhm. Was auch Unannehmlichkeiten mit sich brachte. Groupies zum Beispiel. Chmela mit einem Augenzwinkern: „Die hat's immer schon gegeben. Aber einmal Horstl, immer Horstl." Seine Traumfrau ist die Ingeborg, seit 40 Jahren.
Für seine Fans ist der Horsti noch immer der Größte, in Breitenlee und am Tivoli hat er einen eigenen Fanclub. Dreimal pro Monat tritt er noch auf. Dann kramt er eine seiner Mützen hervor und wirft sich in das typische „Chmela-Gwandl." Wie es zu dem ungewöhnlichen Outfit kam? „Ganz zufällig", erzählt er. 1965 traf er in Tirol den britischen Autorennfahrer Jackie Stewart. Der hat immer eine Kappe getragen und ihm eine geschenkt. Seit damals ist sie Horstls Markenzeichen.
Floridsdorf ist auch ein bisschen wie Chmela. Ein wenig unterschätzt und wenn man genauer hinschaut, mit ganz viel Tiefgang.

Die Frau zum Reifenwechseln

Brigitte Ederer, geboren am 27. Februar 1956. Konzern-Chefin

Von der SPÖ hat sie durch den Onkel Hans und die Tante Resi gehört. Die beiden waren kinderlos und haben die Gitti quasi adoptiert. Sie haben sie mitgenommen auf Urlaub nach Caorle oder Milano Marittima und haben schon bald einen Fernseher gehabt. Dort traf man sich am Samstag, um Heinz Conrads oder die Peter Alexander-Show zu schauen. Der Hans-Onkel war bei Simmering-Graz-Pauker und die Resi-Tante hat es zur Geschäftsleiterin einer Strumpffabrik gebracht. Vom Land kommend, mit lediglich acht Jahren Volksschule. Der Onkel war ein echter Roter und am Sonntagvormittag kam einmal im Monat der Parteikassier zu ihm. Die erste Politisierung fand in Diskussionen mit ihrem Onkel statt. Gitti Ederers Mutter war nie bei der Partei, doch sie hat immer gesagt: „Die Roten sind halt die, die auf uns schauen."

Brigitte Ederer wuchs in den 1950er-Jahren mit ihrer Mutter Maria und ihrem sieben Jahre älteren Halbruder Anton in einem alten Zinshaus in der Stryeckgasse 8 beim Floridsdorfer Spitz auf. Der Stiefvater starb 1950 an einer Kriegsverletzung, die Mutter arbeitete als Haushaltshilfe und bekam eine kleine Witwenrente. Sie zog die beiden Kinder alleine auf. Wohlhabend war in dieser Gegend niemand. Die Kinder spielten im Hof, die Erwachsenen saßen daneben am Bankerl und freitags, wenn den Arbeitern ihr Lohn bar auf die Hand ausbezahlt wurde, wankten manche betrunken nach Hause, wie der Herr Kokrhel, der Nachbar. „Es war eine schöne Kindheit", sagt Ederer heute. „Wir haben zwar nicht viel gehabt, aber die anderen auch nicht und deshalb ist es uns nicht aufgefallen. Und es ist uns auch nichts abgegangen." Die echte Freiheit spürte man in den Weiten des nahegelegen Jedleseer Auparks oder im Spitzer Park, am Wochenende ging die kleine Familie zum Picknicken ins Überschwemmungsgebiet. Es gab Frühlingsaufstrich und manchmal sogar ein Schnitzerl. „In ein Restaurant ist niemand gegangen und auch die Innenstadt war eine andere Welt." Den ersten Bezirk erkundet hat Ederer, heute Siemens-Europa-Chefin, erst in ihrer Schulzeit, als im Heimatkundeunterricht die Sehenswürdigkeiten von Wien besprochen wurden. Vier oder fünf Mal im Jahr ist sie mit der Mutter mit der Straßenbahnlinie 331 zum Schottenring ins Textilviertel gefahren. Die Mutter hat ein Kleid, eine Weste und für die kleine Gitti einen Pyjama gekauft. Selber aussuchen, das war nicht drin, gekauft wurde, was billig war.

Und bei den Fahrten über die Donau entdeckte die Fünfjährige ihre erste Leidenschaft. Straßenbahn-Schaffnerin wollte sie werden. Im 331er führte eine

Die Gitti mit Mutter Maria: „Die Roten sind halt die, die auf uns schauen.“

resche Schaffnerin ihr strenges Regiment. „Das Zwicken der Fahrscheine und die offene Tramway haben mir derartig imponiert, dass ich unbedingt Schaffnerin werden wollte." In der Teenagerzeit schlug ihr Herz nicht nur fürs Badmintonspielen, sondern auch für die Bühne. Die ältere Schulkollegin Erika Pluhar war ihr großes Vorbild. Einmal selbst im Burgtheater auf der Bühne stehen war ihr großer Traum. Ihre liebste Rolle? Der Faust, ja, der Faust hatte es ihr angetan. Aber sie wollte nicht das naive Gretchen spielen, sondern den Dr. Faust selbst.

Ins Gymnasium ging sie in die Franklinstraße 26, eine reine Mädchenschule. Das klassische Mädchen war sie aber nie. Mit 18 hatte sie zwar eine lange, blonde Mähne. Aber Röckchen und Seidenbluse – das war so gar nicht Ihres. So geht es ihr heute noch. Ein Kostüm muss man eben im Job tragen, das ist praktisch und passt immer. Aber zum Wohlfühlen? Am liebsten Jeans und T-Shirt, das war die Gitti mit 18 und das ist sie heute noch. „Ich war nicht die erste Wahl von Männern, eher die Frau zum Reifenwechseln. Ich hab mich zwar immer gut mit Männern verstanden, aber damals eher auf freundschaftlicher Ebene. Sie haben mir von ihren unerfüllten Lieben erzählt und ich hab zugehört."

Am Wochenende ging es ins Waldviertel zu den Großeltern. Ihre Mutter wuchs auf einem Bauernhof auf, den der Cousin noch heute bewirtschaftet. Die Disco- und Fortgehzeit begann auf dem Land, denn ihre Mutter hütete sie wie ihren Augapfel. „Im Waldviertel hat sie die Burschen gekannt, da durfte ich weggehen." Daheim in der Stadt hieß es um acht zu Hause sein. Ihrer ersten Liebe begegnete sie zwischen Heuschober und Kirchturm. „Ernst hat er geheißen", lächelt sie verschmitzt. Mehr will sie dann aber auch schon nicht mehr verraten. Die Tanzschulkarriere hat sie komplett ausgelassen. Polka und Walzer tanzen hat Gitti Ederer auf dem Bretterboden eines Waldviertler Wirtshauses gelernt. Wenn sie heute auf Bälle geht, kann sie das Pflichtprogramm ab-

solvieren. „Mehr hab ich nie gebraucht. Wenn ein Mann wirklich tanzen kann, bekomme ich echte Schwierigkeiten." Gut, dass ihr Ehemann, SPÖ-Europa-Abgeordneter Hannes Swoboda, auch kein passionierter Tänzer ist.

In der Schule haben sich ihre Stärken schnell herauskristallisiert. Sie war gut in Mathematik, Chemie, Geografie und Geschichte. Ein Sprachentalent war sie nie. In der dritten Klasse Gymnasium kam der Nachzipf in Englisch. Der Sommer war versaut. Lieber wäre sie, wie sonst auch, beim Birner an der Alten Donau gesessen. Das waren die Sommer in Floridsdorf. Baden in der Alten Donau und später – als man dafür alt genug war – auf ein Bier. „Wäre ich weniger beim Birner gewesen, könnte ich heute besser Englisch", sagt sie und lacht dabei.

Das klassische Mädchen war sie nie. Röckchen und Seidenbluse, das war gar nicht Ihres.

Mit 21 ist sie fort aus dem Bezirk, in ihre zweite Heimat, die Leopoldstadt. „Hier bin ich emotional zu Hause und hier möchte ich begraben werden." Ihre Wurzeln wird sie aber nie vergessen. Erst jetzt, da sie in München lebt, wird ihr bewusst, wie schön es im 21. eigentlich ist und wie viele Geschichten jeder dieser Plätze zu erzählen hat. „Einen Birner in München kenne ich noch nicht. Floridsdorf ist Teil meiner Biografie." Was sie mitgenommen hat aus dieser Zeit? „Ich habe keine Angst vor Menschen. Hier hat man sich durchsetzen gelernt. Das war nichts für Zartbesaitete. Obwohl, wir haben goschert getan, aber in Wirklichkeit waren wir eh nur Haserln."

Heute ist sie die mächtigste Geschäftsfrau Österreichs und führt als Europa-Chefin von Siemens rund 400.000 Mitarbeiter. Beim Birner ist sie die Gitti, die gerne Saure Wurscht isst oder Leberkässemmeln vom Schuller, ihren ersten Karl-May-Film im Weltbild-Kino gesehen hat und ein Fan von Roy Black und Peter Alexander war. Auch der Udo Jürgens hat ihr gefallen, der hat damals gesungen „17 Jahr, blondes Haar" und die blonde Gitti hat mitgesungen. Seine Wurzeln vergisst man nicht. Neun Jahre hat sie hier im Bezirk in der Siemensstraße gearbeitet. Einmal hat sie ihren Fahrer gebeten, doch beim Café Fichtl stehen zu bleiben. Der hat sich zwar gewundert, was sie in diesem komischen Kaffeehaus am Eck will. Doch sie ist hinein und plötzlich war das Gefühl wieder da. Sogar der Geruch ist gleich und die Serviererin ist auch noch da. Hier ist die Zeit stehen geblieben.

Stark reduziert

Rudi Klein, geboren 1951. Zeichner

Bei mir ist das nicht so, wie man oft liest, wenn Schriftsteller an die Stätten ihrer Kindheit zurückkommen und sie dann ein süßlich trauriges Gefühl kriegen. Ich hab ein sehr distanziertes Verhältnis zu Floridsdorf. Ein gespaltenes. Das kommt aus meiner Kindheit. Das hab ich schon mit einigen Therapeuten besprochen." Heimatgefühle? „Ned so wirklich." Das schönste hier war die Halle der Simmering-Graz-Pauker. Die beste Ausstellung der Welt.
Aufgewachsen ist Rudi Klein in einer Seitengasse der Leopoldauer Straße, in der Ostmarkgasse. „Gemeindebau, klassisch." Der Bau war das letzte Haus in der Gasse, dahinter waren Gärten, viele Gstätten, da war eine Spur von Landleben. Der Vater war praktischer Arzt, daher Rudis Name im Hof: „Der Doktor-Rudl". Rudi war ein Einzelkind. „Den Kindergarten hab ich nicht so gut gepackt. Ich hab meine Krankheiten immer gut eingesetzt: Ich bin krank geworden und musste nicht mehr in den Kindergarten. Ich war nicht unbedingt sehr tough als Kind. Es gab Versuche meiner Eltern, mich abzuhärten. Aber die sind fehlgeschlagen."
In die Volksschule musste Rudi Klein zu den Schulbrüdern nach Strebersdorf, „interessanterweise. Ich glaub, meine Eltern wollten mich in eine gute Schule schicken. Was ein ziemlicher Blödsinn war. Sie wollten mich fernhalten vom schlechten Einfluss in Floridsdorf. Gott sei Dank war ich extern, die Internen sind alle durchgedreht. Die nächsten Schulen wären eh in der Ostmarkgasse gewesen. Ich glaub schon, dass meine Mutter das Bedürfnis hatte, mich ein bissl rauszuhalten aus dem bösen Sumpf hier. Sie hätte lieber in einem besseren Bezirk gewohnt."
Im Gemeindebau gab es im Hof zwei Klopfstangen und das war's. „Ich war viel im Hof unterwegs, hab mit den anderen gespielt, befreundet war ich aber nie mit wem." Es gab im Bau drei Berühmtheiten. „Mit dem einen bin ich einmal in die Autowerkstatt, dort haben wir ein großes Fass Öl aufgemacht und dann nicht mehr zu gebracht, das ist alles ausgeronnen. Dann sind wir davongelaufen, gute kindliche Lösungsmöglichkeit. Er hat mich dann vernadert, unsere Eltern mussten ein Fass Motoröl bezahlen, ein Vermögen damals." Der Bua wurde dann bekannt mit einem Zeitungsbericht: Todesstich ohne Motiv. „Der ist im 22. aus einem Espresso raus und hat den Erstbesten, der vorbeigekommen ist, totgestochen. Herzstich." Der erste aus dem Hof, der einen Zeitungsbericht bekommen hat, war ein Namensvetter. „Der hat auch Rudl geheißen. Da gab es so eine Tschin-Bumm-Zeitung, ich weiß nicht mehr, wie sie geheißen hat. Die

Überschrift war: Im LSD-Rausch nackt über die Donaufelder Straße. Das war der Rudl. In späteren Jahren hat er etwas nachgelassen, ich hab ihn dann immer mit so einem kleinen Spitz an der Leine getroffen."

Gymnasium dann in der Franklinstraße 21. Damals eine reine Knabenschule. Die 26er war die Mädchenschule. „Ich hab kaum mit Leuten aus meiner Klasse Kontakt gehabt, die haben mich damals schon fadisiert, extrem. Es gab drei Ausnahmen. Zu zweien davon hab ich noch Kontakt. Ich hab da letztens ein Foto von einem Klassentreffen gesehen: lauter alte Menschen." „Das Personal hier in der Schule ... Die war so eine Art Strafkolonie für Lehrer. Die Leute, die in der Stadt irgendjemanden abgewatscht haben, sind dann hierher strafversetzt worden. Teilweise noch schwer Kriegsbelastete, in allen Schattierungen. Ich habe meine Matura geschenkt bekommen in dem Haus, die Lehrer haben völlig versagt. In Zeichnen haben wir nur Perspektiven gemacht. Später hatten wir eine junge Lehrerin, die ist mit uns zum Rainer und zum Staudacher gegangen. Im Zeichenunterricht hat sie uns Hendrix vorgespielt. Die ist dann aber auch schnell entfernt worden. Ab und zu treffe ich sie noch."

„Ich bin immer irgendwie durchgekommen. Es war schwierig, aber es gab keine Alternativen. Wenn man mich mit 14 gefragt hätte, ob ich lieber arbeiten gehen

„Ich war nicht unbedingt sehr tough als Kind. Es gab Versuche meiner Eltern, mich abzuhärten. Aber die sind fehlgeschlagen."

Zwettler
Original
1890
SPEZIAL-AUSSCHANK

„Mit dem Zeichnen hab ich begonnen, na ja, wie das halt so ist, wenn man keine Sportskanone ist. … Mein Vater war lebenslang enttäuscht, dass ich nicht Arzt geworden bin.“

will: Ich wusste ja gar nicht, was arbeiten ist. Die Matura hat mir vom Wissen her nix gebracht. Aber einen Aufschub, dass man sich nicht schon mit 14 entscheiden muss, was man tut." „Die Schulzeit hab ich überstanden, weil ich viel im Café Fichtl war. Als Einzelkind war ich natürlich schon von sozialen Kontakten abhängig." Vorne auf der Donaufelder Straße, da war ein Gasthaus, eine Art Braugasthaus mit Straßenhof. Lieblingsessen war Schweinsbratensaft mit einer Semmel. Natürlich haben sich die Eltern nie getraut, das zu bestellen.

„Im Poppenwimmer Kino sind wir immer zu zweit gesessen und haben gehofft, dass ein Dritter kommt, weil sie erst ab drei Leuten gespielt haben. Das Weltbild-Kino mit den Holzsitzen, das Prisma neben dem Pisani. Das war mein Wirkenskreis. Und natürlich das Fichtl. Da waren viele Zigeuner, um das unkorrekte Wort zu verwenden. Dort gab es ein Brüderpaar, nachdem die verhaftet worden sind, haben die Wohnungseinbrüche in Wien um 60 Prozent nachgelassen. In der braven Zeit war das schon aufregend. Die haben um viel Geld Karten gespielt. Ich hab erst später gespielt, mit meinem Freund, dem Alfi. Der Alfi Kampl, ein riesiger Oberlehrer. Der wohnt da ums Eck."

Rudi Kleins Vater war praktischer Arzt, einer der wenigen sozialdemokratischen Ärzte, die es damals gab. Die Praxis war im Gemeindebau. „In der Nacht aufstehen war normal. Wenn ein Patient krank war, ist man halt hingefahren. Das würde ich mir heute auch noch wünschen, dass es so was gibt. Aber es führte dazu, dass ich schon als Kind wusste, dass ich sicher nicht Arzt werde. Mit dem Aufstehen hatte ich es nie so. Mein Lieblingswitz damals war: Was ist der Unterschied zwischen einem Bäcker und einem Teppich? Der Teppich bleibt liegen. Nicht, dass der Witz so gut wäre, aber ich hab mich immer so gut identifizieren können mit dem Teppich. Es gibt eine schöne Nummer von David Ruffin: Goodnight Pillow."

Die Liebe. „Da gab es in der Mädchenschule eine junge Dame. Wir hatten damals so einen linken Jugendklub. Die Spezialität von der jungen Dame war, dass sie vor anderen immer auf supergeil getan hat, mir in die Hose gegriffen hat. Kaum waren wir allein, war das vorbei. Ich hab keine Ahnung mehr, wie die geheißen hat. Aber gut hat sie ausgeschaut. 16 war ich. Sonst? Da war eine Blonde, die mir extrem gut gefallen hat. Die hat so ausgeschaut wie in diesen englischen Filmen. Blond, ein bissl blass. Die hab ich beim Radlfahren gesehen, hab sie eingeladen, aber sie ist nicht gekommen. Jahre später hab ich sie wieder gesehen, da war sie schon total zerlempert. Frauen, die mir gefallen haben? Die junge Marianne Faithfull. Heute würde ich eher zu Emma Peel tendieren."

Musik war immer wichtig, Van Morrison hat ihn die letzten 40 Jahre begleitet. Und Literatur. „Kurt Vonnegut mochte ich als Teenager. Anthony Burgess. Ich hab viel gelesen."

„Als Kind hatte ich ein überdimensionales Bedürfnis nach Liebe und Beziehungen. Vielleicht auch heute noch. Gesellschaft ist immer noch großes Thema. Typisch Einzelkind eben. Wenn ich am Abend weggehe, treffe ich viele Leute, mit denen ich ein Bier trinke. Aber richtige Freunde? Eher eine kleine Gruppe."

Zu den Brüdern, also den Pseudonymen Ivan und Ruud Klein, ist er so gekommen: „Bei einem meiner ersten Interviews hab ich erzählt, dass ich meinen Zeichenstil immer mehr reduziert habe. Der Journalist hat dann geschrieben: ‚Er hat seinen Zeichenstil nie weiterentwickelt.' Da hab ich dann angefangen, nur mehr Blödsinn zu erzählen. Und die Geschichte mit den Brüdern erfunden."

„Mit dem Zeichnen hab ich begonnen, na ja, wie das halt so ist, wenn man keine Sportskanone ist. Gefördert hat mich auch die Zeichenprofessorin. Auf die Akademie wollt ich nicht gehen. Hab fast ein Jus-Studium fertig gemacht, damit die Eltern Ruhe geben. Mein Vater war lebenslang enttäuscht, dass ich nicht Arzt geworden bin. Meine Mutter wollte, dass ich Diplomat werde." „Ich bin eine typisch österreichische Mischung. Ein bissl Ungar, Franzose, Tscheche, Deutscher."

Als Sozialdemokrat hat Rudi Kleins Vater immer die schöne Fahne aus dem Fenster gehängt. Die hat Rudi Klein heute noch. „Es war aber schon unter dem viel gelobten Kreisky nicht alles so toll. Der Sinowatz war halt schirch, aber eigentlich ein Supertyp. Früher sind ja noch Forderungen auf den Wahlplakaten gestanden, heute ist nur mehr der Schädel drauf. Die Sozialdemokratie ist vor lauter Gier nach rechten Stimmen immer mehr in die Mitte gerutscht. Warum hat niemand den Mut zu sagen: Ihr dummen Arschlöcher, ohne Sozialdemokratie, was hättet ihr da? Keine Sozialversicherung, keine Krankenversicherung. Das weiß niemand mehr. Haben halt jahrelang nur mehr Managertypen gezüchtet. Schade, dass ich nicht Mitglied bin, da kann ich nicht austreten."

In der Nähe der Elternwohnung, in der Ichagasse, war der Schrebergarten. Rudi war zehn, als der angeschafft wurde. Später hat er ihn geerbt. „Unverlangterweise." „Eine Zeit war ich viel mit meinen Kindern hier, dann ist er mir irgendwann auf die Nerven gegangen ... irgendwie ist der Ort belegt durch Familiengeschichten, es war der Garten meiner Mutter. Ich hab diese Enge immer gehasst. Aber ich behalte ihn noch. Als Notquartier, falls alle Stricke reißen."

Als Kind war Rudi gern hier. Hier liegt irgendwo noch eine Kiste mit Plastikwaffen begraben. Als Erwachsener hat es hier diverse Unfälle gegeben. Einmal beim Zeitunglesen. Beim Umblättern hat er sich die Hornhaut verletzt. Ein anderes Mal wollte er hinter dem Haus Hanf pflanzen und ist dabei mit dem Spaten in ein Nest von Erdwespen geraten. SMZ-Ost. Wieder ein anderes Mal hat er sich, als Besuch da war, heißen Kaffee über die Weichteile geschüttet. „Da waren wir mit Freunden hier, ich saß hier mit einer dünnen, kurzen Leinenhose, der frisch gebrühte Kaffee drauf. Im Spital dann drei Frauen – Ärztin und zwei Schwestern. Die haben geschaut. Die Nachbehandlungen waren auch immer sehr lustig, prinzipiell nur Frauen." In den Fuß hat er sich hier auch einmal gehackt. „Es ist halt nicht wirklich Land hier. Man kann nicht draußen spazieren gehen. Vielleicht verkauf ich ihn und kauf mir dafür 600.000 Bazooka-Kaugummis."

Rudi Klein und Herr Bertl im Café Fichtl

Das Fichtl, seit 1921 an der Schloßhofer Straße Ecke Freytaggasse. Samir Köck nennt es Bastion Floridsdorfer Gastlichkeit. Grau-braune Wände und ebensolche Möbel, rauchige Luft, schon in der Früh. Am Klo türkisfarbene Kacheln aus den 50er-Jahren. Die Billardtische und die Kartenspieler sind im hinteren Teil des Lokals, links von der Schank, die schräg an der Ecke steht, gleich gegenüber vom Eingang. Rechts der Teil für die Nichtspieler, die anderen Gäste, früher ein beträchtlicher Teil davon Schulschwänzer aus der Franklinstraße im Häuserblock gleich dahinter. Das Blöde am Schulschwänzen im Fichtl war, dass man leicht erwischt wurde. Die Mutter hat schon am Geruch erkannt, dass man heute nicht so lange in der Schule war.

Dienstag, zehn Uhr am Vormittag. Früher hätte man da vier Kellner gebraucht, wird der Herr Bertl gleich sagen. Möglicherweise ist das übertrieben. Aber der Herr Bertl hat immer recht, er ist eine Institution. Er begleitete Generationen von Schülern während ihrer großen Pausen im Café Fichtl. Lehrte sie Anstand und Benehmen. Geboren ist der Herr Bertl im Riesengebirge, „in Rübezahl", nennt er das. Nach dem Krieg ist er nach Wien. Hat dann mit den Eltern im Gasthaus gearbeitet. „Langsam hoit, ned?" Das erste Gasthaus war in Weidling, das zweite in Mauer. Vor über 40 Jahren ist Herr Bertl ins Fichtl gekommen.

Das Fichtl war ja das einzige Café im Norden. Rudi Klein bestellt einen Mokka und ein Glas Wasser. „Der Bertl hatte damals schon das, was ich heute noch an Obern schätze: Er hat zum Beispiel manchmal beschlossen, eine Reihe nicht zu bedienen. Da musste man sich dann umsetzen, das ist mir in Erinnerung geblieben. Sehr getaugt haben mir die Dialoge mit dem Bertl. Es ging hauptsächlich um Revolution und Gewalt. Er hat dann immer so geheime Szenarien entwickelt. Dadurch, dass ich meinen Lebensmittelpunkt seit Langem in einem anderen Bezirk hab, bin ich nimmer so oft da. Interessant war diese Zweiteilung. Hier war der bürgerliche Teil, wo die Schüler gesessen sind. Hinten die Kartenspieler und allerlei Halbwelt. Ich hab hier schon auch Billard gespielt. War aber nicht sehr gut. Obwohl mich das Spiel immer fasziniert hat. Diese Konzentration auf drei Kugeln, und der Rest der Welt ist weg. Das Bedürfnis nach Reduktion und kleine runde Dinge. Das hat mir schon gefallen."

Bertl: „Früher waren vier Ober hier, in der Früh noch einer zusätzlich. Heute ist das nimmer so. Keine Leute mehr. Die Chefin, die hat das Café von der Mutter, die hat es von ihren Eltern. Den Rudi kenn ich schon als Bua. Immer brav."
Rudi: „Ja, ich war extrem brav. (lacht) Aber im Verhältnis zu heute wahrscheinlich eh."
Bertl: „Die Jungen heute sind schlecht erzogen. Schon vom Elternhaus."
Rudi: „Vom Fernsehen schlecht erzogen."
Gast: „Haben sie es vielleicht auch schwerer?"
Rudi: „Das auf jeden Fall. Wir haben ja überhaupt keine Sorgen gehabt, dass wir einen Arbeitsplatz kriegen."
Gast: „Damals war das mit dem Schulestageln auch noch leichter."
Bertl: „Schaun´S, wie viele Jugendliche beim AMS stehen. Schule schwänzen ist heute nicht mehr drin. Und wenn, dann gehn´s zum Mäckie. Seit zehn Jahren kommen´s nimmer."
Zigaretten.
Rudi: „I schaff's ned, aufhören."
Bertl: „I scho. Vor 13 Jahren. Von 90 auf null."
Zurück zu den Jungen.
Bertl: „Man sieht des: Wenn ich wo reinkomm, grüßen. Das können die Jungen überhaupt nimmer. Oder in der Schnellbahn. Überall ham's die Fiaß oben. Die Achtung vor den anderen Menschen, die gibt´s nimmer. Das kommt vom Elternhaus, die müssen beide arbeiten gehen, geben dem Kind Geld, des geht zum Mackie. Wir sind halt strenger erzogen worden, du ah Rudi, gö?"
Rudi: „Ja schon, aber das ist auch dieses Wirtschaftssystem, das den puren Egoismus fördert. Die Kinder kriegen das ja mit. Es wird ihnen ja keine soziale Ader mehr verklickert."
Bertl: „Unsere Lehrer ham ja noch geschaut, dass man was wird, einen Beruf lernt. Heute interessiert die ja nur mehr der Urlaub. Ich bin noch so erzogen worden, dass man sich benimmt."
Gast: „Ich weiß noch, Sie haben immer geschimpft, wenn wir den Guglhupf nicht aufgegessen haben. Frisch gemacht von der Frau Chefin, haben Sie immer gesagt."
Bertl: „Jo, des waren noch Zeiten. Es hot se olles geändert. Alles."
Rudi: „Normalerweise san da um die Zeit schon die ersten Schüler gesessen."

Morsezeichen

Brigitte Kowanz, geboren am 13. April 1957. Lichtkünstlerin

Trink
FANTA
SCHUTZMARKE
Orangenlimonade

Eine Rebellin war sie. Ist sie. Das würde sie aber so nie sagen. „Ja, möglicherweise", antwortet Brigitte Kowanz auf die Frage, ob sie ein rebellischer Teenager war. Sie antwortet zurückhaltend. Konflikte in der Schule? „Ja, möglicherweise." Mit den Lehrern. Aber nicht wegen der Noten. „In dieser Hinsicht war ich immer sehr ökonomisch." Trotzdem wild. So wirkt sie auf dem Teenager-Foto, das sie von sich gemacht hat, als sie 16 oder 17 war. Das lange, unbändige Haar, der aufsässige Blick. Eine ehemalige Schulkollegin hat vor Kurzem zu ihrem Sohn gesagt, dass seine Mama „cool" war in der Schule.

Rebellion gegen die Mutter war nie notwendig. Die hat viel ermöglicht, viel erlaubt. Hätte sie das nicht, zum Beispiel der Brigitte nicht erlaubt, mit engen Jeans und wildem Haar in die Schule zu gehen, „dann hätte es schon Probleme gegeben". Aber die Mutter hat alles erlaubt. Rote Haare, schwarze Haare, enge Jeans, Kunststudium. Auch der Bruder durfte Kunst studieren. Kein Wort von „was G'scheites lernen". „Es gab keine Diskussionen. Ich habe mich durchgesetzt." Vielleicht war das auch einfacher, weil der Vater nicht da war.

Brigitte Kowanz spricht leise, erzählt wenig von sich. Sie hieß immer nur Brigitte, auf die Idee, ihren Vornamen abzukürzen und zu verniedlichen, kam nie jemand. Nachfragen bestätigt Brigitte Kowanz zögernd. Das Aufwachsen in Floridsdorf? „Besonders schön ist die Prager Straße ja nicht." Was schon schön war? „Die Donauauen und das alte Jedlesee." Brigitte Kowanz wuchs im Physikerviertel an der Prager Straße in Jedlesee auf. Die Gassen hier sind nach Volta, Galvani, Ohm und Morse benannt. In einer alten Strumpffabrik in der Morsegasse hatte die Künstlerin viele Jahre später ihr Atelier. Auf die Straßennamen hat sie nie geachtet. Aufgefallen sind sie ihr erst, als sie in ihren Lichtinstallationen mit Morsezeichen zu arbeiten begann. Schon Kowanz' Eltern stammten aus Floridsdorf. Der Vater war Fußballprofi, die Mutter Angestellte. Hier ist sie in die Schule gegangen, zuerst am Lorettoplatz, dann in die Franklinstraße. Im Café Fichtl wurde die eine oder andere Zigarette geraucht. An den Ober kann sie sich gut erinnern. „Der Herr Bertl war immer sehr streng."

Die Eltern ließen sich scheiden, als Brigitte fünf war. Mit ihrer Mutter und ihrem Bruder Karl lebte sie im familieneigenen Zinshaus an der Prager Straße. Mit Karl hat sie sich immer gut verstanden. Obwohl er es nicht leiden konnte, wenn ihn die kleine Schwester immer begleiten wollte. War ihm peinlich. In mancher Hinsicht war es eine untypische Floridsdorfer Kindheit: ein eigenes Zimmer,

Rebellion war nicht notwendig. „Ich habe mich durchgesetzt."

Das lange, unbändige Haar, der aufsässige Blick. Eine ehemalige Schulkollegin hat vor Kurzem zu ihrem Sohn gesagt, dass seine Mama „cool" war in der Schule.

Hunde, Katzen. Einen Fernseher hat die Familie schon recht früh gehabt. An Heinz Conrads und den Kasperl kann sie sich erinnern. Und an die Zeit im Bild, „die Signation mit der Weltkugel, die hab ich heute noch präsent". Schon früh hatte die Familie ein Auto, man fuhr in die Stadt zum Einkaufen, am Wochenende zu den Donauwiesen. Ab und zu auch ins Kino, ins Gloria oder ins Poppenwimmer.

Die künstlerische Begabung zeigte sich bald. Schon die kleine Brigitte interessierte sich für Zeichnen und Basteln, die Mutter förderte sie und Bruder Karl von Anfang an. Später studierte Brigitte Kowanz Bildhauerei, experimentierte mit Fotografie und Video, ein Medium, das gerade noch in den Kinderschuhen war. „Meine Mutter war extrem tolerant. Unser Vater war viel härter, der hätte dem allen nicht so zugestimmt." Mit zwölf kam die erste Urlaubsliebe, mit 14 der erste Freund. Am Schnellbahnhof hat sie den Hannes immer getroffen. „Ich weiß nicht, was aus ihm geworden ist."

Mit 15 Schulwechsel in die Hegelgasse, dort fühlte sie sich in ihrer Kreativität gefördert. Dann hat sich alles dorthin verlagert. Das Aufwachsen mit eigenem Kassettenrekorder, mit Beatles, Stones und Hermann Hesse. Erst viel später ist Brigitte Kowanz wieder hierher zurückgekommen, Bruder Karl lebt heute als Grafik-Designer in Floridsdorf. Brigitte Kowanz ist mittlerweile wieder weitergezogen. „Ich habe nie besonders gerne hier gelebt. Alles war zu weit weg."

Los Angeles im Osten Wiens

Samir Köck,
geboren am 28. Juli 1960.
DJ und Musik-Journalist

Ich bin heute noch öfters hier in der Großfeldsiedlung. Früher, als meine Mutter noch gelebt hat, war ich jede Woche da. Wie sie alt war, bin ich mit ihr einkaufen gegangen, ins Ekazent. Jetzt hab ich ja keinen Grund mehr, herzukommen, aber aus Nostalgie fahre ich manchmal mit der U-Bahn aus dem zweiten Bezirk her einkaufen. Manche Leute gehen immer weiter und schauen nicht zurück. Ich bin jemand, der gern zurückschaut, ich gehe alte Wege, suche meine alten Spielplätze und sinniere über das Fließen der Zeit. Reminiscing, wie der Engländer sagt."

Samir Köck, aufgewachsen in den frühen Jahren der Großfeldsiedlung. „Ich habe immer schon gerne beobachtet." Und fotografiert, die Silhouette eines Wohnblocks in der Dopschstraße ist auf einer seiner Gloomy-Afternoon-CDs verewigt.

Die erste Single war Song Song Blue von Neil Diamond. Die erste LP: Beatles. Beide gekauft beim Konsum im Ekazent. Jetzt ist das ein Interspar. Geld dafür hat er sich als Krampus verdient. „Mein Freund und ich sind unangemeldet als Krampus und Nikolo gegangen. Viele Eltern haben das ja gut gefunden, wenn ihre Kinder sich ein bisschen fürchten. Mit dem Geld, das wir da verdient haben, hab ich mir Platten und Fische fürs Aquarium gekauft. Jetzt hat sogar die Tierhandlung zugesperrt. Da haben wir uns immer die Nase platt gedrückt am Fenster."

Auf den Erinnerungsreisen in die Großfeldsiedlung trifft er manchmal alte Schulkollegen. „Man erkennt einander, aber man grüßt dann doch nicht." „Da vorn im Tankstellenespresso und im Café Air war ich immer, ein finsteres Loch war das. Da ist grad einer reingegangen, das war der Trinbacher Karli. Natürlich erkennt er mich. Aber was soll man da reden? Im Air hat die Rosi gearbeitet, die war dann später in der Kondi gegenüber. Das Air hat früher bis 23 Uhr offen gehabt. Das dunkle Holz von früher wurde irgendwann gegen helles ausgetauscht. Da war immer ein Typ, der hat seine Furze angezündet. Da sind aus der Jean so Stichflammen weggegangen. Ein Jahr später war der tot. Nach so einer Alkohol-Tabletten-Mischung haben ihn die Freunde mit dem Einkaufswagerl heimgeführt. Die Mutter hat gesagt, der ist schon wieder ang'soffen, und hat ihn ins Bett gelegt. Am nächsten Tag ist er nimmer aufgewacht. Er war 16."

„Im Jugendzentrum hab ich super Musik gehört. 75, 76, Tim Buckley und solche Sachen. War nicht schlecht. Da is es so zugegangen, dass sie es bald abgedreht haben. 1973, da haben wir für das Jugendzentrum demonstriert. Das war im Ku-

„Meine Mutter nannte mich immer ‚einziger Sohn' – als ob sie 14 Kinder hätte."
Links: Mit Schwestern Renate und Monika und Mutter Rosa
Rechts: Der zehnjährige Samir im Überschwemmungsgebiet, im Hintergrund der Donauturm

rier abgedruckt, da sind wir mit einem Transparent gestanden, wo drauf stand: ‚Wir brauchen mehr Geld.' Das könnt heute noch mein Motto sein. Ich brauche immer noch mehr Geld."
1970 ist die Familie hier eingezogen, Moritz-Dreger-Gasse 8–12. Die Mutter, die Schwestern Renate und Monika, der Stiefvater, die Großmutter und Samir. Zu sechst auf 88 Quadratmetern. Kleine Zimmer. „Heut wohn ich allein auf hunderteins und hab keinen Platz." Er hat noch einen Prospekt aus den späten 60ern, als die Siedlung gerade gebaut wurde und als besonders lebenswerte Gegend beworben wurde. Für die Köcks war sie das auch: „Wir wohnten vorher auf Zimmer-Küche-Kabinett im vierten Bezirk, in der Weyringergasse, feucht, kein Wasser in der Wohnung. Ich hatte in der ersten Klasse Volksschule Tuberkulose und musste ein ganzes Jahr in eine Lungenheilanstalt auf der Baumgartner Höhe. Wegen meiner Krankheit bekamen wir dann die Gemeindewohnung, das war damals ja noch nicht so einfach. Nachdem uns eine Wohnung zugewiesen worden war, hat es drei Jahre gedauert, bis wir sie bekommen haben. Für uns war das das Paradies hier. Plötzlich hatten wir eine Badewanne." „Als wir hergekommen sind, war alles Gstätten hier, verfallene Häuser. Ein einziger Abenteuerspielplatz. Jetzt ist es so steril." Reminiscing im Einkaufszentrum: „Vor der Gstätten war früher ein Kiosk mit Süßigkeiten, da hab ich mir immer Mondstaub gekauft, so Kokosraspel-Zeug, es war die Zeit der Mondlandung. Taschengeld hab ich keines bekommen, aber die Mutter hat mir heimlich was zugesteckt. Ich war ja der Prinz daheim, die Schwestern werfen mir das noch immer vor. Meine

Schwestern waren zwar jünger, aber die waren zu zweit. Meine Mutter nannte mich immer ‚einziger Sohn' – als ob sie 14 Kinder hätte." Da gegenüber vom Konsum war der Fischhändler Hengstberger, daneben ein Nähgeschäft. „Meine Mutter war hier im Haus der Begegnung im Mütterclub. Und am Platz davor sind manchmal Tanzbären aufgetreten, da hab ich sogar noch ein Foto davon."

„Hier bin ich in die Schule gegangen, Pastorstraße. Die Lampen sind noch dieselben, die Bäume sind gewachsen." Integrierte Gesamtschule, der erste Schulversuch in Österreich. „Ich war ein guter Schüler. Schule hat mir immer getaugt. Besonders Betragen. Ich hatte einen gewissen Ehrgeiz: Ich wollte gleichzeitig der Klassenbeste und der Schlimmste sein. Dieses Doppel ist mir nicht immer, aber manchmal gelungen. Ich war auf eine kreative Art schlimm. So, dass die Lehrer nichts tun konnten und sogar heimlich lachen mussten. Die Leistungen haben gestimmt, aber ich war subversiv und aufsässig und habe für Pointen gesorgt. Damals war es ja noch üblich, gezüchtigt zu werden. Der Mathelehrer zog mich an den Haaren, das sieht man nicht, aber es schmerzt. Ich hatte Locken. Als Kind allerdings kurz. Das war ja eine andere Zeit, wenn die Haare nur die Ohren berührten, hat man gesagt: Du schaust aus wie ein Beatle. In den 60ern musste man kurze Haare haben. Ich hatte die Haare aber gern lang."

„Da wo jetzt die Satellitenschüssel ist, im Erdgeschoß, da haben wir gewohnt, da wohnt jetzt eine Tschetschenenfamilie. Mein Zimmer war neben dem Balkon rechts. Einmal war ich noch dort nach dem Tod meiner Mutter, wie die Wohnung schon renoviert war. Das ist schon sehr arg, wenn alle Geschichte gelöscht ist. Heute schaut das total verwildert aus. Dort haben wir gespielt. Netze aufgespannt und Tennis gespielt. Das war unsere Stiege, die mit der Sonne."

„Da drüben im ersten Stock der Alfred Polt, da war der Vater Jäger, da sind die Hörner aus der Wand gewachsen, das hat mich fasziniert. Der war mein Sitznachbar in der Schule. Wir sind oft gemeinsam zum Bahndamm und haben Eisenbahnstatistik gemacht, der hat alle Eisenbahnen mit der Nummer aufgeschrieben und hat sich irrsinnig gefreut, wenn eine wiedergekommen ist. Da oben im fünften Stock hat einer gewohnt, des war so ein Brachialkomiker, der ist dann Versicherungsvertreter geworden. Mit dem hab ich immer Unsinn gemacht. Zum Beispiel die zwei Türen da vis-à-vis, die haben wir zusammengebunden. Und dann haben wir das Seil durchhängen lassen. Und der eine macht auf, der andere macht auf und reißt ihm die Tür aus der Hand, das ging hin und her. Wir haben uns wahnsinnig abg'haut und sind davongelaufen. Und da in dem Durchgang haben wir Anmäuerln gespielt. Wer mit seiner Münze näher zur Wand kam, hat das ganze Geld kassieren dürfen. Auf der Nachbarstiege war einmal ein Wohnungsbrand, das war ein markantes Erlebnis. Die Befürchtung von Leuten, die wenig besitzen, dass alles weg ist. Und da hat der Manager vom Orsolics gewohnt. Buchelle hat der geheißen. Auf der 62er-Stiege. Die Tochter war total schön, in die waren wir alle verliebt. Die arbeitet heute beim AMS. Liane, ihr Bruder hat Prosper geheißen, wir haben Proschi zu ihm gesagt. Ich hab vor Kurzem im Rhiz aufgelegt, und plötzlich steht er vor mir. Ich hab ihn schon ewig nimmer gesehen. Er hat sich dann aber nimmer gerührt. Wir haben einmal ein Klassentreffen gemacht, nach 25 Jahren. Die meisten Leute, die hoffnungsvoll waren, sind irgendwie abgestürzt. Und die, wo man gar nicht geglaubt hat, dass sich die im Leben durchsetzen können, die haben plötzlich eine Firma. Es hat auch kleine Lebensträume gegeben. Wie der Alfred Polt, der wollte immer Lokführer werden, aber er hat zu schlecht gesehen. Die, in die wir alle verliebt waren, die ist nicht gekommen. Ist angeblich sehr dick geworden. Ich weiß nimmer, wie die geheißen hat. Margarethe vielleicht? Wenn wir über die Liebe reden, muss ich mich niedersetzen. Meine Mutter sagte immer, ich soll keine Frauen ansprechen, die kommen von selber.

Erste Liebe, na ja, die aus meiner Klasse. Brünett, wohlproportioniert. Erster Zungenkuss? Ja, jetzt fallt's mir wieder ein. Im gleichen Bau wie die Liane, da haben mir mehrere gefallen. Die eine, die Brigitte, die hatte große Brüste. Die andere war wieder freizügiger. Ich kann mich nimmer erinnern, wie die geheißen hat. Aber an den Geschmack kann ich mich erinnern. War super. Ich war 15."

„Es gab hier zwei Arten von Gangs. Die einen fuhren Mopeds, verübten Einbrüche, Schlägereien. Die andere Partie ist z`Haus gesessen, hat Jazz gehört und sich Drogen reingehaut. Ich hatte Freunde in beiden Partien und hab die unterschiedlichsten Blödheiten gemacht. Aber Drogen hab ich nie genommen. Außer Alkohol halt. Mein erstes Krügel, da bin ich mir wie ein Verbrecher vorgekommen. Dabei war ich eh schon 16. Da drüben in der Don Bosco Kirche hat meine Mutter, als sie einmal in Geldnot war, Miete geschnorrt vom Pfarrer. Der ist dann auch zu ihrer Beerdigung gekommen. Wir waren nicht katholisch, aber die Mutter kam vom Land und hatte gewisse Glaubensrudimente.

Ob mich die Gegend geprägt hat? Ja sicher, die Musik. Das ging schnell, von Neil

Diamond zu besseren Sachen. Die Leute sind früher mehr auf gute Musik gestanden. Das war mehr subversiv. Heute ist alles so Mainstream. Und es war ein Slalom zwischen den Verführungen. Ich war Gott sei Dank so ein Mama-Kind, dass ich viel Blödsinn nicht mitgemacht hab. Meine Freunde waren teilweise aus sehr desolaten Verhältnissen. Heute ist das hier ja fast schon bürgerlich im Vergleich zu früher. In den 70ern hat es Schlägereien von Bau zu Bau gegeben, wenn den Leuten fad war.

Samir, 17, mit Schwester Renate und Mutter Rosa. „Meine Mutter sagte immer, ich soll keine Frauen ansprechen, die kommen von selber."

Gangs wie in Los Angeles. Es gab auch Schlägereien mit dem Rennbahnweg. In der Moped- und Alkohol-Gang hatte ich die Funktion des Provokateurs. Ich war schmächtig. Ich hab die Leute provoziert, mit blöden Sprüchen oder Piraten werfen oder irgendeinen anderen Blödsinn. Wenn die auf mich losgehen wollten, kam das Rollkommando von hinten. Alles, weil uns fad war.

Da gab es viele Sozialfälle. Frauen mit sechs Kindern und schwarzen Zähnen und einem versoffenen Mann. Das war krass. Streitereien wegen Kinderlärm im Hof, Schreiereien aus dem Fenster. Mädchen haben selber mit der Stricknadel abgetrieben. Ich hab mich in eine Traumwelt zurückgezogen. Mit Schallplatten und Büchern. Von Mark Twain bis Handke. Mit 13 wollte ich mir die „Angst des Tormanns beim Elfmeter" ausborgen, die Bibliothekarin wollte mir das Buch nicht geben – sie hat gedacht, ich halte das für ein Fußballbuch. Das war ein Kampf. Damals waren auch Mao und natürlich Hesse Pflichtlektüre. Und diese komischen Bauernautoren. Innerhofer. Letztlich war ich immer allein, das war der Grund, warum ich gut davongekommen bin. Mit 19 bin ich weg von hier. Zog in die Weihburggasse. WG mit einer Kellnerin aus der Wunderbar. Ich war immer an sozialen Studien interessiert. Ich wollte nicht sein, sondern beobachten. Dann war es mir irgendwann zu fad hier.

Der Körper braucht Rote Rüben

August Lechner, geboren am 21. September 1943. Der letzte Gemüsebauer am Donaufeld

Ein Holzschuppen, ein bissl windschief, steht an der Donaufelder Straße 115. Draußen hängt eine schwarze Tafel, an der mit Kreide die Verdienste diverser Gemüsesorten für den Körper beschrieben sind. Fisolen gibt's gerade, gelbe oder grüne, dazu frische Dille.
„I bin der letzte da." Der letzte Gärtner im Donaufeld. Renovieren will August Lechner das windschiefe Häuschen, in dem er und seine Mutter Genoveva jahrzehntelang Obst und Gemüse, großteils Eigenbau, verkauften, nicht mehr. „Wer weiß, was denen von der Stadt einfallt mit dem Bauen." Das Donaufeld links und rechts der Donaufelder Straße galt einmal als einer der fruchtbarsten Böden Wiens. Heute ist fast alles zugebaut hier. In den 1990er-Jahren begann der Bauboom, der wohl nicht enden wird, bis die letzte Grünfläche zubetoniert ist.
Bald ist es so weit. Von den Äckern hier ist heute nur mehr ein schmaler Streifen übrig, auf dem August Lechner noch so lange Paradeiser und Paprika anbauen wird, bis auch hier die Kräne auffahren. Den Grund haben die Eltern schon vor 30 Jahren an die Stadt verkauft. Jetzt kann's nicht mehr lang dauern, bis er zusperrt.
„Meine Frau sagt immer, ich soll aufhören." Dabei kommen viele Leute, gerade auch die Jungen aus den Genossenschaftsbauten nebenan. Die wollen frisches Obst und Gemüse. „Wissen'S wos i Fisolen verkauf?" Prall gefüllte Gemüsesuppensackerln, wo es allein schon eine Rübe locker mit einem ganzen verhungerten Suppengrün aus dem Supermarkt aufnehmen kann. Obwohl viele heute ja nicht mehr wissen, was man mit manchen Gemüsesorten anfängt.
Dafür war die Mama immer da. Genoveva Lechner. Wie sie da immer gestanden ist und den Kindern heimlich gelbe, süße Paprika geschenkt hat, wenn schon längst bezahlt war. Wie sie den Kunden Tipps gegeben hat, wie man welches Gemüse am besten einkocht. Wie sie langsam und bedächtig auf einem Zettel die Rechnung zusammengeschrieben hat und immer ein paar Schilling nachgelassen hat. Bis zum Euro ist sie noch im Geschäft gestanden, obwohl sie da schon sehr schlecht gesehen hat. Eine winzige Frau, mit Kopftüchel und gleich mehreren Westen übereinander, weils doch frisch war im Laden. Fröhliche Augen hat sie gehabt, so wie der August. Der Sohn, der ihr geblieben ist. Der jüngere, der Kurt, starb mit kaum 40 Jahren an Krebs. Bauchspeicheldrüse.
August Lechner steht hinter der Budel, erinnert sich an seine Mutter. „Die Mama war die Seele hier." 2004 ist sie gestorben, hat mit fast 89 noch im Geschäft mitgeholfen. Genoveva Lechner stammte aus Prein an der Rax. Hat in die Gärtnerei

hineingeheiratet. Wie lang es die schon gibt? „90 Jahre, glaub i. Wos was i." Andere hätten jetzt gesagt: „Na, an die 100 Jahre." August Lechner ist bescheidener. Geschäfte haben sie gehabt in Inzersdorf und am Naschmarkt, die Gärtnerei an der Donaufelder Straße ist übrig geblieben.

67 Jahre ist August Lechner jetzt, war immer Gärtner. Gartenbauschule Kagran. Als Kind hätte er Polizist werden wollen, die Motorradeln haben ihn fasziniert, aber es hat sich dann halt anders ergeben. Er hat den Betrieb übernehmen müssen. Vor 43 Jahren hat er die Christa geheiratet, zwei Söhne haben sie, den Harald und den Robert. Und vor der Christa? „Jo mei, wir warn jung."

„I hob immer Obst und Gemüse gess'n. Wissen'S was des wert ist?" Herr Lechner blinzelt seinen fröhlich-schelmischen Blick, reibt sich die roten Backen. „Aber die Haar' sind mir trotzdem ausgegangen." Früher war noch der Hund da, der hat auf das Geschäft aufgepasst. Am Schluss war er schon so schlecht beieinander, dass er gar nicht mehr aufstehen hat können. Einschläfern hat man ihn müssen. „Sehn'S, wie's is", seufzt Herr Lechner, ein bissl wehmütig, ein bissl gleichmütig. Aber nicht wehleidig. Geduldig eher. Dann sagt er noch einmal: „Aber i wü nimmer renovieren. Wos waß ma, wann ollas aus ist." Mittwoch ist zu. „Da muaß i Erdäpfel aus Gerasdorf holen." Und zu den Wirtshäusern der Umgebung fahren, Gemüse bringen.

„Jo, so vergeht die Zeit."

„I hob immer Obst und Gemüse gess'n. Wissen'S was des wert ist? … Aber die Haar' sind mir trotzdem ausgegangen."

Der Jüngste in der Sektion 11

Michael Ludwig, geboren am 3. April 1961. Wohnbaustadtrat

Er war schon mit 17 in der Sektion. SPÖ Floridsdorf Sektion 11, Siemensstraße 17, Großjedlersdorf. Mädchen, Partys? Das vielleicht auch. Aber vor allem die Sektion, sagt Ludwig, seit seinem 16. Lebensjahr Floridsdorfer. Politisch interessiert sei er eben gewesen. Und außerdem hat es hier Mitte der 70er-Jahre ja kaum Lokale gegeben. Da ist man dann eben in die Sektion.

Heute ist Ludwig großer Verfechter der hohen Lebensqualität des 21. Wohnt in der Nähe der Prager Straße, läuft regelmäßig auf den Bisamberg und geht in Großjedlersdorf, Stammersdorf oder Strebersdorf zum Heurigen. Wegziehen? Unvorstellbar. Dabei war die erste Begegnung mit Floridsdorf eher durchwachsen. „Ich erinner' mich noch gut an die erste Fahrt mit der Tramway, die hieß damals noch 331. Ich hab geglaubt, ich fahr in die totale Einschicht. Es war wie eine Strafversetzung." Für einen Teenager, der aus dem siebten Bezirk kam, wo gerade die Lokalsszene erwachte, war es hier 1977 wirklich nicht besonders spannend. Abwechslung versprach das Kellerlokal der SPÖ-Sektion, wo ein rühriger Vereinsleiter, der Ballek Loisl, ein ehemaliger Freiheitskämpfer, dem jungen Michael Ludwig erzählte, hier unten habe einst ein Student Viecher abgestochen. Die Nachbarn haben sich dann beschwert, man hat sich von dem Studenten getrennt und eine Modelleisenbahn in den Keller gestellt. Natsch oder Netsch habe der geheißen. Der Student, das war natürlich der Hermann Nitsch. Später, während einer Ausstellung über den Wiener Aktionismus, ist Ludwig da draufgekommen. Er war ja schon früh für die Bildung in der Floridsdorfer SPÖ zuständig. Das passt. An der Volkshochschule hat er Kurse abgehalten. Gesprächsrunden mit mehreren Generationen von Bezirksbewohnern, da hat man viel über die Bezirksgeschichte gelernt. „Oral history." „Da bin ich dann draufgekommen, dass das doch ein sehr spannender Ort hier ist." Und egal, zu welchem Thema man ihn befragt: Michael Ludwig weiß garantiert ein Buch dazu. Und eine Anekdote. So wie die mit dem Peter Pacult: Der war an jenem Postamt Briefträger, bei dem sich auch Student Ludwig sein Geld verdiente. „Pacult war damals schon eine Sensation: Er hat immer Turnschuhe angehabt und war sehr schnell und deshalb immer als erster fertig."

Bei den Geschichten über das eigene Privatleben ist Ludwig vorsichtiger. „Ich bin ja Politiker." Durch die Scheidung der Eltern ist er in den 21. gekommen. Justgasse 23, Großjedlersdorf, Gemeindebau. Mit der Mutter, einer Hilfsarbeiterin, und der zwei Jahre jüngeren Schwester Elisabeth auf 44 Quadratmetern.

Es gab hier Mitte der 70er-Jahre ja kaum Lokale. Da ist man dann eben in die Sektion.
Links: 50. Jahrestag des 12. Februar 1934 mit Nationalrätin Rosa Jochmann.
Rechts: Mit Landtagspräsident Fritz Hofmann und Nationalrat Kurt Eder

Die Nachbarin, die Frau Buchberger, hat im Vorgarten ein Blumenbeet gehabt. 88 ist sie jetzt und sie kann sich noch gut an den stillen, höflichen jungen Mann erinnern, der es „immer so eilig" gehabt hat. Er musste ja in die Sektion. Sehr schnell ist Michael Ludwig dann Bildungsreferent geworden. „Ich war der jüngste, ich hab mich gleich reingehaut." Kassler war er, hat SPÖ-Mitglieder besucht, Parteibeiträge kassiert. „Ich hab dort viele liebenswürdige Menschen kennengelernt." Mädchen? „Na ja, ich war ja auch in der jungen Generation. Da waren mehr Mädchen als in der Sektion." Die erste Liebe hieß Gabi, die hat er mit 16 getroffen. Zwei Jahre hat die Liebe gedauert. Die Gabi wohnte in Simmering und besuchte den Michael in Floridsdorf. Spazieren sind sie miteinander gegangen, für die paar Lokale, die man besuchen hätte können, reichte das Geld nicht. „Ich bin immer schon gerne im Gemeindebau spazieren gegangen. Jetzt mach ich das halt beruflich." Schule, Gabi, Sektion, später Studium und Arbeit. Bei der Post und am Bau. Drei Jahre Zusteller am Schlingermarkt, fünf Jahre Eisenbahnschienenverlegen auf der Westbahnstrecke. Um fünf von daheim weg, abends so erschöpft, dass die Kraft oft nicht einmal mehr zum Haarewaschen

reichte. „Ich war ja eher ein Zaucherl im Vergleich zu den anderen Bauarbeitern." Mit dem Geld ist man dann ab und zu ins Atrium am Schwarzenbergplatz gegangen. Oder ins Café Fichtl in der Schloßhofer Straße, Billard spielen, „da waren alle".

Schule stageln? „Na sicher war ich auch viel mit den Haberern unterwegs." Und wenn schon Schule, dann lieber Basketball als Buchhaltung. Mit der HAK am Hamerlingplatz wurde er Landesmeister im Basketball. Ansonsten hat er „jede Chance genützt, um so wenig wie möglich für die Schule zu unternehmen".

Der „Kulturschock", den der 16-Jährige bei seiner ersten Begegnung mit Floridsdorf erlebte, hat sich schnell gelegt. Inzwischen spricht Michael Ludwig über den Bezirk, als würde er aus den Wohnbau-Werbebroschüren der Stadt zitieren: „Urban und grün zugleich." Ganz anders als 1977, als Floridsdorf noch ein „Dorf mit Industriegebiet" war. Und, natürlich: „Rein zufällig hab ich da auch ein Buch darüber."

„Ich bin immer schon gerne im Gemeindebau spazieren gegangen. Jetzt mach ich das halt beruflich."
Rechts: Mit Landtagspräsidentin Erika Stubenvoll.

Schmusen im Wasserpark

Klaus Mühlbauer, geboren am 22. Juli 1968. Hutmacher

Klaus Mühlbauer gehört zu jenen Floridsdorfern, die die Dunantgasse richtigerweise französisch „Dü-nant" (nasal wie „rant" in Restaurant) aussprechen. Für die meisten Floridsdorfer ist sie die „Dunantgossn." Man sagt ja auch zur Shuttleworthstraße „Schuttlewurtstroßn." „Schattlwörsstraße" würde kein Taxler verstehen.

Die Mühlbauers sind eine bürgerliche Familie. Untypisch für den Bezirk. Vielleicht betont Klaus Mühlbauer gerade deshalb: „Wennst mich fragst, ich bin eindeutig ein Floridsdorfer." Groß geworden weit weg von der Welt der besseren Leute, beim Birner, im Fichtl und im Jedleseer Aupark. Das Elternhaus in der Jedleseer Straße, es könnte gut im 13. oder 19. Bezirk stehen. Ein großzügiges Patrizierhaus aus den 1930er-Jahren mit wucherndem Garten, in dem Klaus und seine jüngeren Geschwister Marlies, Werner und Kurt spielten. Geschmackvoll eingerichtet, Familienbilder an den Wänden. Einer seiner jüngeren Brüder wird das Haus einmal übernehmen. Klaus wäre schon auch gerne zurück nach Floridsdorf gegangen. Aber irgendwie ist es nach so langer Zeit nicht so einfach, den schicken Karmelitermarkt, wo man immer irgendjemanden trifft, gegen den grauen Schlingermarkt an der Brünner Straße einzutauschen. Die Bobos im Zweiten nerven, aber wahrscheinlich ist man selbst einer von ihnen geworden.

Das Hutgeschäft Mühlbauer, heute ein trendiges Designunternehmen mit Fans in Japan und Hollywood, wurde 1903 als kleiner Laden mit Modisterei am Floridsdorfer Spitz gegründet. Großvater Robert, geboren 1900, musste schon als Teenager das Geschäft übernehmen. Bis in die 30er-Jahre wurden hier Hüte gemacht, dann übersiedelte die Werkstätte in das Familienwohnhaus in der Jedleseer Straße. In den 1950er-Jahren wuchs die Firma, die Produktion wurde in ein Haus am Schwedenplatz verlegt, wo auch heute noch Hüte gefertigt werden. Vor einigen Jahren auch von Klaus Mühlbauer selbst. Er hat neben dem Wirtschaftsstudium auch eine Hutmacherlehre absolviert. Keine einfache Zeit, bei den Eltern lernen, wenn man eigentlich gegen sie rebellieren sollte, so rein vom Alter her. Ein bisschen Rebellion gegen das Großbürgerlich-Konservative in der Familie ist wohl auch dabei, wenn Klaus Mühlbauer erzählt, dass er, anders als seine Geschwister, seine Freunde hier in Floridsdorf und nicht in besseren Gegenden gehabt hat. „Für mich war es als Teenager am coolsten zu sagen: Ich bin von hier. Aus dem Arbeiterbezirk. Meine Freunde waren Arbeiterkinder. Mein Freund Walter war schon mit 15 Marxist."

Getroffen hat man sich beim Stein vor dem Bahnhof am Franz-Jonas-Platz. „Ein versifftes Blumenbeet mit Tschickstummeln drin" war das. Von dort aus fuhr man „in die Stadt". Mit dem 31er oder der Schnellbahn bis Praterstern oder Landstraße, U-Bahn gab es hier ja noch keine. „Alle aus meiner Generation haben sich beim Stein getroffen" – er fiel später einer Platzsanierung zum Opfer, was den Franz-Jonas-Platz nicht wesentlich schöner gemacht hat. „Jedenfalls war er ein praktischer Treffpunkt, denn wenn einmal eine Angebetete nicht zum Date erschien, dann war das Telefonhüttl in Reichweite." Kaum zu glauben, dass das dem jungen Herrn Mühlbauer oft passiert sein soll. Die erste von vielen Angebeteten war die Marion. Wenn die Marion das wüsste, dass sie einmal in einem Buch vorkommt. Die Marion Zawadil hat im roten Bau an der Jedleseer Straße gewohnt. „Wie ich in die Volksschule gekommen bin, bin ich gleich neben ihr gesessen. Ich war sofort in sie verliebt. So wie ihr anderer Sitznachbar, der Bernhard. Die Konkurrenz war aufregend. Am Schulweg hat sie immer auf mich gewartet. Später hab ich sie auf einem Foto wiedergesehen. Ich hätt sie nicht erkannt."

„Für mich war es als Teenager am coolsten zu sagen: Ich bin von hier. Aus dem Arbeiterbezirk."
Mitte: Mit Freundin Tanja. „Vier Jahre war ich unglücklich in sie verliebt."

Mit 14, 15 waren am wichtigsten die „Zoo-Partys": Die haben sich im Partykeller des Studentenheims Zoo abgespielt, bei der katholischen Kirche hinter dem Pius-Parsch-Platz. Heute ist der Partykeller geschlossen, angeblich wurden dort Drogen verkauft. In den 1980er-Jahren war alles ganz harmlos, im Nachhinein betrachtet. Aber sehr, sehr aufregend. „Die Partys haben um fünf Uhr am Nachmittag begonnen und waren um zehn aus. Meine Schwester Lisi und ich

waren die ganze Woche vorher aufgeregt. Wir sind dort hingepilgert, der Vater daheim hat getobt." Die Zoo-Party, das war erster Alkohol und erste Zigaretten. Alle Freunde waren dort, es wurde getanzt und geschmust. Klaus im weißen Sakko mit Schulterpolstern, aufgekrempelten Ärmeln und gegeltem Haar. Der dunkelrote PVC-Boden war am Ende der Party klebrig von Schweiß und verschütteten Getränken. „Es war wichtig, jedes Mal mit einem anderen Mädchen zu schmusen. Das Problem daran war, dass die anderen auch dort waren. Aber der Nervenkitzel war ja besonders interessant." Zum Schluss kam meistens die Gang aus dem Café Falk am Kagraner Platz, dann gab es eine Schlägerei. Die Schule? „War immer easy, ich war in Deckung, hab meine Hausübungen gemacht und mir nie einen Haxn ausgerissen. Ich hab mich geschickt arrangiert. Nur die Französisch-Lehrerin, die hatte ein Problem mit mir, die hat mich wahrscheinlich für ein Burschi aus besserem Haus gehalten."
Als Bub hat er im Spitzerpark Fußball gespielt, er war ein guter Verteidiger. Auf der Donauinsel bei den Pfadfindern dann mit der Taschenlampe morsen gelernt, ein paar Jahre später schmusen mit dem „Club Pervers". „Aufnahmebedingung war: Jeder hat mit jedem schmusen müssen. Zungenkuss! Es waren mehr als 20 Leute dabei." Eine Narbe prägt noch seine Handwurzel, von einem Sturz während eines Grillfests. „Die Scherbe hat sich tief in die Arterie gebohrt, Schulfreunde mussten mich mit dem Taxi ins Lorenz-Böhler bringen. Während der Fahrt, schwer blutend, haben wir noch einen Aufnahmetest absolviert." Das erste Donauinselfest 1983. Den Falco hat er dort einmal gesehen, „den hab ich überhaupt gern gehört. Auch Duran Duran und die ersten Fendrich-Platten. Später war mir der Ambros lieber."
Mods, Popper waren damals Thema. Zugehörigkeit zu Gruppen. „Der Club Pervers war der erste und einzige Verein, bei dem ich dabei war. Ich habe Vereine immer schon gehasst. Austria oder Rapid waren mir wurscht." Damals hat Klaus auch die Tanja kennengelernt. „Die erste große Liebe." Das Schmusen mit ihr war anders. „Ich weiß noch die Bankerln im Wasserpark, wo ich mit ihr geschmust hab. Vier Jahre war ich unglücklich in sie verliebt." Wenn man sich die Fotos anschaut von der Tanja, mit 15, 16, versteht man, dass er so lange um sie geworben hat. Ein fröhliches Kindergesicht mit strahlenden Augen hat sie gehabt. „Irgendwann hat sie sich dann auch in mich verliebt." Ab und zu sehen sie einander noch.

In der Ewigkeit und Unendlichkeit gibt es viele Mittelpunkte. Also ist Floridsdorf einer der Mittelpunkte.

Hermann Nitsch,
geboren am 29. August 1938.
Maler und Aktionskünstler

Was essen Sie gerne?", fragt der Maler. „Steak", sagt die eine, „Knacker" die andere. Für Hermann Nitsch zählt jetzt nur Schweinsbraten. Und der gute Zwetschkenkuchen, der an diesem Abend serviert wird. Als er seine Schulfreunde zum ersten Mal wiedersieht seit sie Buben waren. Und die neugierigen Floridsdorf-Chronistinnen dabei sein dürfen.

1944 kam Hermann Nitsch in die Volksschule Brünner Straße. Der „Happi" war er damals. Seine Schulfreunde Udo und Fritz und Toni sind da, um das eine oder andere Glas zu heben und sich zu erinnern, wie sie als Buben das Nussstraßel bei der Koloniestraße entlanggeradelt sind. Beim Fußball, erinnert man sich, hat sich der Happi nie besonders hervorgetan. Da war ein anderer Schulkamerad, der Androsch Hannes, eindeutig der sportlichere. „Der Hermann war immer pummelig. Drum hat er beim Fußball ausgelassen", erinnert sich Sitznachbar Udo. Nitsch selbst sah das als Kind ein bisschen anders. „Ich wollte Radrennfahrer werden."

Mit sieben, acht kam die religiöse Phase. Die Messe vom jungen Pfarrer in Großjedlersdorf hat ihn beeindruckt. „Wunderbare Weisheiten und Symbole" findet Hermann Nitsch heute in jeder Religion. Im Herbst '44 kam die Volksschule. Da haben die Buben noch „Heil Hitler" sagen müssen. Vor der Schule wurden die Toten aufgebahrt. Die Bomben schlugen auf den Floridsdorfer Äckern ein. Das Schlimmste war, wenn man aus dem Luftschutzkeller rausgekommen ist und nachgeschaut hat, ob die eigene Wohnung noch steht. Und dann, nach dem Krieg, sagt der Toni, das „Russenhäusel" vor der Floridsdorfer Brücke. „Die wollten hier den Eisernen Vorhang bauen." Dann das Schulversagen. Aus dem Gymnasium Franklinstraße hat man den Hermann nach der dritten Unterstufe rausgeschmissen. Fast lauter Fünfer, sogar in Musik. „Faul war ich und interessiert hat's mich auch nicht." Nur der Zeichenlehrer Stepina, der hat Hermanns Talent schon früh erkannt. Und der Udo, der neben ihm gesessen ist und seine Zeichnungen bewundert hat. „Ach, hätt ich nur eine davon aufgehoben, dann hätt ich jetzt einen original Nitsch daheim!"

In die Hauptschule musste Hermann Nitsch dann. „Es war eine rührende Geschichte: Meine Mutter, die immer an mich geglaubt hat, ist in die Hauptschule Deublergasse zum Direktor und hat ein gutes Wort für mich eingelegt. Da hab ich dann wenigstens nicht wiederholen müssen. Aber im B-Zug war ich. Da waren ein Haufen Deppen und ich wurde so zornig, dass ich mich endlich bemüht hab." Die

Graphische Lehr- und Versuchsanstalt in der Westbahnstraße war „die Rettung meiner Begabung." Von 200 Bewerbern haben sie 20 genommen, „da war ich dabei, das war mein Glück, da hat mich die Malerei sofort in den Bann gezogen. Ab da ist alles anders geworden". Dort hat er sich auch verliebt. Der Weg zur ersten Freundin war aber noch weit. „Ich hab die Madln immer verehrt. Aber immer unglücklich. Eine hat mir besonders gefallen. Ich hab mir auch eingebildet, dass sie mich mag. Dann hat sie mich gekränkt – sie hat nicht zu mir gehalten, da hab ich ein Jahr nicht mehr mit ihr gesprochen. Blond war sie, sehr hübsch."
Eineinhalb Stunden dauerte der Schulweg zur Graphischen, zuerst mit dem 331er, dann mit dem 49er. „In der Bim hab ich gelesen. Weltliteratur, Philosophie, griechische Tragödien, Lyrik. Mein Lehrer war ich selber. Das ist heute noch so. Meine Arbeit ist ein Ausdruck dessen." Den Bart hatte er damals noch längst nicht. „Ich hab aber immer gewusst: Wenn ich älter bin, lass ich mir einen wachsen." Bei der Dokumenta 1982 war es dann soweit: „Mit 44 dachte ich mir: So, jetzt is' Zeit." Da waren Bart und Haupthaar noch brünett.
Mit dem Großvater, einem Eisenbahner, ist er als Bub über die Donauwiesen spaziert. „Ich kann mich noch daran erinnern, wie ich im Wagerl gesessen bin, als mich der Großvater durch Jedlesee und Strebersdorf führte." Der Opa ging auch gerne in die Berge. Von ihm hat er die große Liebe zur Natur geerbt.
Hermann Nitsch wuchs in der Schwemmäckergasse auf, lebte gemeinsam mit seiner Mutter in einer Genossenschaftswohnung. Geschwister? „Hätt ich nicht geduldet. Ich habe meine Mutter voll in der Hand gehabt." Hausaufgaben, zum Beispiel, erklärte er seiner Mutter oft, habe er keine: „Wir haben heute nichts auf." Udo hat ihn dann immer versorgt. Abgeschrieben haben sie alle vom Androsch. Es war absehbar, sagen die Schulkameraden, dass der Hermann Künstler wird. Einige haben seinen Werdegang verfolgt. Wie das angefangen hat mit dem Orgien-Mysterien-Theater, seine Aktionsarbeit, später die „Blutorgel" mit Otto Mühl und Adolf Frohner. Die ersten Aktionen hat er noch in Floridsdorf gemacht, unter anderem in einem SPÖ-Vereinskeller. „Ich habe seine Schweinereien schon komisch gefunden", sagt Udo unumwunden. Auch die Mama hat das möglicherweise so gesehen. Nach außen hin hat sie den Buben verteidigt. Aber daheim hat sie geschimpft. Und wenn Besuch gekommen ist, dann hat sie immer seine Frühwerke hergezeigt, damit die Leute sehen, dass der Bub auch „richtig malen" kann.

Hermann Nitsch

1944: „Ich wollte Radrennfahrer werden.“

In einem Kellerlokal der Jedleseer SPÖ hat er gearbeitet, später im Atelier in einem Gemeindebau an der Brünner Straße. „Ich hörte, dass die SPÖ Lokale vermietet. Der Kassier, ich glaub, der hieß Spewak, dem war ich immer Geld schuldig. Ich hab's eh bezahlt, aber eben später. Meine Mutter hat den Spewak immer am Jedlersdorfer Friedhof getroffen und dann auch gleich die Miete für mein Atelier im SPÖ-Lokal bezahlt.“ Die erste Aktion mit einem geschlachteten Schaf organisierte Nitsch 1962 in einem Keller von Otto Mühl beim Donaukanal. Später kamen dann seine Kollegen nach Floridsdorf, der Brus, der Schwarzkogler, der Kubelka. Für die war Floridsdorf Neuland. „Wir sind dann immer nach Stammersdorf zum Heurigen Rajchl gegangen. Herrliche Trauben hat der gehabt. So Schmeckerte, wunderbar. Recht verkommen war es dort, aber wir haben gerne unser Unwesen dort getrieben.“
Peter Kubelka war ein enger Freund. Der hat ihn nach Amerika gebracht, '68 nach New York und dann Cincinnati. „Danach ist alles leichter gegangen.“
„Meine Mutter hat nicht verstanden, was ich gemacht habe. Aber sie war eben meine Mutter.“ 87 ist sie geworden, gestorben 1984. Sie hat den Welterfolg ihres Sohnes miterlebt. Auch wenn sie ihn nie verstanden hat.
Bis 1963 lebte Hermann Nitsch in der Schwemmäckergasse. Mit 25 zog er mit seiner Freundin zusammen. „Drei Jahre hab ich ein Haus in der Jedlersdorfer Straße gemietet. Ich hab gern hier gewohnt. Ein Hund war auch da, die Bella, ein weißes Schäfer-Bastardel.“ Seither gibt es kein Leben ohne Hunde mehr. Derzeit hat er drei. Einer davon heißt Russ, wie der Neufundländer vom Richard Wagner. „Ich hätte auch als Kind gern Tiere gehabt. Aber in der kleinen Wohnung war das nicht möglich.“ „Ich hab gern hier gewohnt“, sagt Nitsch zum Abschied. Floridsdorf heute? „Ich fahre durch.“ Nach dem Abend mit den Schulfreunden wird sich das ändern: „Jetzt, wo ich so viele alte Jedlersdorfer Bekannte wieder getroffen hab, werd ich wieder öfter kommen. Und die Bisamberger Weine werde ich genauer beobachten.“

Egal, Hauptsache kicken

Peter Pacult, geboren am 28. Oktober 1959. Trainer des SK Rapid

Fleischhauer wollte er werden. Doch „Tschamperl" war zu klein, der Fleischer sagte: „Du kannst kein Schweindl heben." Peter Pacult ist nicht nachtragend. Der kleine „Tschamperl" ist inzwischen gewachsen. Mit 18 ist er in die Höhe geschossen. Noch heute kauft er, wann immer er in der Gegend ist, beim Pferdefleischhauer Schuller Leberkäs ein.
Und die Karriere, die hat er auch hingekriegt. „Die Mutter ist mit mir aufs Arbeitsamt gegangen. Damals hat man sich als Junger den Beruf ja noch aussuchen können. Von A wie Automechaniker bis Z wie Zahntechniker." Andere Zeiten waren das. An jeder Ecke haben die Buben Fußball gespielt, in ganz Jedlesee hat es ein einziges Auto gegeben. Fahrradl hat kaum einer gehabt, Fernseher sowieso nicht. Da ist man bestenfalls zum Nachbarn gegangen. Am Mittwoch hat er immer Kasperl schauen dürfen. Am Gitter des Ballkäfigs, wo Peter Pacult und die anderen Buam aus der „Waschkuchl-Bande" gekickt haben, da ist heute ein Schild angebracht. „Von – bis" dürfen die Kinder Ball spielen. Rufzeichen. Mit freundlichen Grüßen von der Hausverwaltung. Pacult schüttelt den Kopf. „Wir haben da schon mehr Freiheiten gehabt. Wir haben auch nix anderes gehabt, keiner von uns."
Wenn der Benner, das legendäre Eisgeschäft auf der Prager Straße, zu Saisonende das Eis verschenkt hat, dann sind die Kinder aus der Umgebung mit Thermosbehältern gekommen. Im Winter haben sie Kastanien gesammelt, 50 Groschen hat der Jäger dafür bezahlt. Kindheit in Floridsdorf, Jedlesee. Kicken und, im Winter, in der Schwarzlackenau „Schifahren", mit Gummistiefeln. An den ersten Schikurs kann er sich noch erinnern, am Präbichl. „Damals hat es viele Kinder gegeben, die sich das nicht leisten konnten." Für Familie Pacult war es sicher auch nicht einfach. Vier Buben, die Eltern beide im Gastgewerbe. In einem typischen 20er-Jahre-Gemeindebau ist Pacult aufgewachsen, mit seinen Brüdern hat er sich ein Zimmer geteilt. Wenn die Mama Waschtag gehabt hat, dann haben die Buben in der Waschkuchl im Lavur gebadet. Richard-Weisse-Hof, Anton-Störck-Gasse Nummer 55, Stiege 2, Tür 7. Bis vor Kurzem ist noch „Pacult" an der Tür gestanden. Die Eltern haben bis zu ihrem Tod dort gewohnt.
Die erste eigene Wohnung im Karl-Seitz-Hof, ein paar Gassen weiter, gleich neben dem Kindergarten. Seine Manuela, die er aus Kindheitstagen kennt, hat er 1981, mit 22 geheiratet. Die Manuela war, 21, ältestes von drei Mädeln, drei ältere Brüder. Blonde Locken, eine Frisur wie aus „Drei Engel für Charlie" hat sie

Der Vater war Fußballer, alle Freunde auch. Kindheit in Floridsdorf, Jedlesee

bei der Hochzeit gehabt. Und ein weißes Kleid natürlich. Peter, ein schlaksiger Bursch mit erstem Oberlippenbart. Hochzeit in der Kirche am Lorettoplatz, Essen im Wirtshaus an der Prager Straße. Manuela stammt aus der Siedlung beim Hans-Smital-Park bei der Galvanigasse, drei Querstraßen von Peters Elternhaus entfernt. Dort in der Kirche wollte Peter Ministrant werden. Wegen der kirchlichen Freizeitveranstaltungen. Aber das hat sich gleich am ersten Tag erledigt. „Gleich beim ersten Auftritt hab ich verschlafen."

Sohn Martin ist heute 34. Bis zur Manuela hat sich Peter nur für Fußball interessiert. Nur einmal, da wollte eine mit ihm gehen. So hat man damals gesagt. Aber er kann sich nicht mehr so genau erinnern. „Ja, ja", hat er gesagt und weitergekickt. Vom Herumkraxeln auf Baugerüsten, da war er fünf, zeugt heute noch eine auffällige Narbe über der linken Augenbraue. Kann sein, dass die eine oder andere Rauferei da auch mitgespielt hat. Mit gewissen Banden aus manchen Höfen, „da ist es schon zur Sache gegangen".

Nach der früh gescheiterten Fleischhauer-Karriere kam die Lehre zum Bürokaufmann, in einer kleinen Spenglerei. Nach dem Bundesheer ist er zur Post. „Da war ich einer der letzten Beamten." Seine Postlerkollegen trifft er heute noch. Im Café in der Anton-Störck-Gasse, da sitzt der Fredl, pensionierter Postler. Mit ihm ist er heute noch gut. Pacult ist einer, der seine Wurzeln nie verleugnet und schon gar nicht vergessen hat. Die Freunde sind da, der Günther, sein bester Freund, den er schon aus der Volksschule kennt. Zwei seiner Brüder wohnen hier, der jüngste, der Richard, kümmert sich um den Schrebergarten in der Schwarzlackenau.

Hier am Sportplatz hat die Manuela 28 Jahre lang die Kantine, eigentlich – das

PFERDEFLEISCHHAUE
SCH
R. SCHULLER
Pferdeleberkäse

Gasthaus – geleitet. Vor drei Jahren wollte der Verpächter die Kantine wieder zurück. Eine schwierige Zeit, aber das ist jetzt vorbei. Man muss nach vorne schauen. „Unangenehme Sachen vergess ich gleich wieder", grinst Pacult. Schelmisch, spitzbübisch. So schaut er schon auf den Schulfotos drein. Und so hat er vielleicht auch gegrinst, wenn die Lehrerin aus dem Fenster geschaut hat, schräg gegenüber vom Ballkäfig, wo heute Beton ist und früher Gras war. Wenn sie den Peter dort kicken gesehen hat, obwohl er doch eigentlich krank und deshalb nicht in der Schule war, dann hat sie manchmal gleich der Mama beim Konsum einen Besuch abgestattet. Es war ein gewisser „spannender Nervenkitzel dabei, ob jetzt der Klassenvorstand wieder aus dem Fenster schaut". Wegen dem frechen Grinsen hat der Peter gleich in der ersten Haupt eine Ehrenrunde einlegen dürfen. Aufmüpfig war er halt immer schon. Fad war ihm in der Schule. Genervt haben ihn alle Fächer, bis auf Turnen. „Besonders furchtbar war Steno." Egal, Hauptsache kicken.

1981: Hochzeit mit 22. Die Manuela hatte blonde Locken wie aus „Drei Engel für Charlie." Sohn Martin war auch schon dabei (unten links).

Der Vater war Fußballer, alle Freunde auch. Auch die Ogris-Buben waren aus Floridsdorf, ein bissl weiter draußen. Gegen die „Strebersdorfer" und den „Rosa-Weber-Hof" hat er gekickt. Als Jugendlicher ist er vom Amateurverein Columbia zum Floridsdorfer Athletiksport-Club geholt worden, danach kam der Profivertrag beim Sportclub. Aus der letzten Wohnung in Floridsdorf, gleich gegenüber vom FAC-Platz, sind Pacult und seine Frau erst vor wenigen Monaten ausgezogen. Sie wohnen jetzt in Stockerau. Am FAC-Platz ist er heute noch oft anzutreffen. Freitag Abend, in der Kantine, ein bissl Match schauen, Freunde treffen.
Pacult ist durch und durch Floridsdorfer, eigentlich Jedleseer. Aus dem Grätzel ist man damals nicht oft rausgekommen. „Auf den Donauwiesen im Überschwemmungsgebiet, da hat sich unser Leben abgespielt." In der Innenstadt war er zum ersten Mal, da gab es die U-Bahn schon. 16 war er, ist in die „Tenne" gegangen. Sonst hat sich das Teenie-Leben höchstens beim Billard-Wirten (eigentlich „Auerhahn") mit ein paar Boney-M-Platten abgespielt. Heute noch sind manche Bezirke fremd für ihn. „Da könnt's mich gleich mitten in New York rauslassen." Nur die Fußballplätze, die kennt er alle quer durch Wien. Wie in einem Dorf war das Aufwachsen in Jedlesee.

Der Schmähtandler

Gerald Pichowetz, geboren am 1. August 1964. Schauspieler, Komödiant und Direktor des Gloria Theaters

Schön werd ich nimmer, aber interessant." Gerald Pichowetz ist lustig. Und nachdenklich. Wie das eben so ist, mit den Clowns, die in Wirklichkeit traurig sind. Das Lustigsein kann er auf Knopfdruck.

Gerald Pichowetz, Ur-Floridsdorfer, hier geboren, nie weggezogen. Nur im Fernsehen war er jahrelang in Kaisermühlen daheim. Mit dem Gloria Theater in der Prager Straße hat er seinen Lebensmittelpunkt im Bezirk. Wie war das so mit Kindheit und erwachsen werden? „Bumm", sagt Picho, „I woar mit 18 scho oid." Gerald, Gerry, Picherl, Picho. Keine ganz einfache Kindheit. Als er acht Jahre alt ist, trennen sich die Eltern, er lebt abwechselnd bei Mutter und Vater, bis er sich ganz für die Mama entscheidet. Die Mutter ist Kosmetikerin, betreibt einen Salon in der Prager Straße in der Nähe des Gloria Theaters. Über den Vater, einen Kürschner, spricht er wenig. „Wenn die kalte Jahreszeit begann, war er nie zu Hause. Er hat nächtelang gearbeitet, weil es die Damen gleich und schnell warm haben wollten." 1993 ist er gestorben. Mit der Oma verbringt Gerald viel Zeit. Mit ihr geht er jeden Donnerstag zum „Zwölfer am Spitz". Die Oma holt sich dort ein Schinkenbein, Prager Schinken. Das Stichwort zu seinen Vorfahren, die unterhalb von Brünn leben. Er erzählt vom Fall des Eisernen Vorhangs, als die Verwandten plötzlich vor der Tür standen, weil sie nicht glauben konnten, dass man „einfach rüberfahren" kann.

Aufgewachsen ist Gerald Pichowetz in einem Einfamilienhaus in Strebersdorf. „Klassische Kinderaktivitäten" wie Fußballspielen interessieren ihn nicht. Das liegt auch an den zwei Hüftoperationen, die der Zwölfjährige durchstehen muss. Insgesamt ein halbes Jahr im Spital, ein Jahr auf Krücken. „Das prägt." Gerald sitzt in seinem Zimmer und hört Hans-Moser-Schallplatten. „Stundenlang." Bis er sie auswendig kann. Irgendwann will er Sängerknabe werden. „Das Musikalische kommt vielleicht vom Großvater, der war Kapellmeister und hat Musik studiert." Vorerst begnügt sich Picherl mit Schallplatten und Modelleisenbahn. Und Kino gehen. Später, als die Mädchen interessant werden, wird das Poppenwimmer-Kino wichtig. Dort gibt es die „Loge": „Das waren die letzten vier Reihen, perfekt zum Schmusen, heiß begehrte Tickets, fast immer ausverkauft." Frauen? Gerne. „Ich hab es immer schon genossen, mit einer schönen Frau aufzutreten, weil i ch g'wusst hab, dass alle denken, wos mocht di mit dem." Die erste Freundin – eine Herausforderung. 15 ist er, sie ganze 20 Jahre älter und zur Draufgabe auch noch seine Chefin, als er seine Lehre als Bürokaufmann absolviert. Die anderen

Picherl mit sechs Jahren: „Lustig sein, da wird man manchmal hineingedrängt."

Buben waren schon ein bissl neidisch, doch das hat ihn nur noch mehr angespornt. Weil verheiratet ist die Dame zu dem Zeitpunkt ebenfalls. Als er sie zum 16. Geburtstag zu sich nach Hause einlädt, begrüßen seine Freunde sie mit „Grüß Gott, Frau Pichowetz!" Trotzdem dauert die Beziehung zwei Jahre, in Kontakt sind die beiden heute noch.
Mit 13 schnuppert der kleine Picho das erste Mal Bühnenluft. Bei einem Frühschoppen geigen die Lokalmatadore Toni Strobl & Co. humortechnisch auf. Picho steht neben der Bühne, jemand drückt ihm ein Mikro in die Hand und fordert ihn auf: „Hearst Klana, dazöhl an Witz." Kurzer Schock, doch dann der Witz, noch dazu mit Hans Mosers Stimme. Das Festzelt bebt, der Bann ist gebrochen. Es folgen fast wöchentlich Auftritte, die Mutter bringt ihn hin und er sackelt jedes Mal 500 Schilling ein und wird zum jüngsten Stimmenimitator Wiens.
1978 der Antritt beim Wiener Schmähtandlerfestival in Oberlaa. Picho ist 14 und belegt mit dem Dienstmannsketch den dritten Platz. „Aus heutiger Sicht tut das gar nicht weh, denn erster wurde ein gewisser Herr Fendrich." Mit 17 der Versuch, seine Leidenschaft zum Beruf zu machen. Neben seiner Lehre als Bürokaufmann bewirbt er sich am Reinhardt Seminar. Mit Größen wie Gabriela

Gerald Pichowetz

Benesch und Barbara Wussow nimmt er an der fünftägigen Aufnahmeprozedur teil. 500 Leute bewerben sich, nur neun Plätze sind frei. Picho ist unter den letzten 18. „Es wurden einfach neun Namen aus einem Hut gezogen. Meiner war nicht dabei." Pech gehabt! Der nächste Versuch bei der Schauspielschule Krauss. „Sie passen nicht in unser Konzept", muss er sich sagen lassen. Doch Picho ist goschert und darf dabei sein. Drei Jahre nimmt er bei Lola Braxton Unterricht, nach der Methode des russischen Schauspiellehrers Konstantin Stanislawski, dem Urvater des „Method Acting". Was das ist? „So ein Eingriff in die Psyche." Noch heute erkenne er jeden Schauspieler, der danach unterrichtet wurde.

Doch zu viel Theorie, das ist nicht seins. „Ich wollte unterhalten. Und dafür ist das Bierzelt die beste Schule." Es folgten Soloprogramme, ein Kabarett mit Götz Kaufmann, der Comedy Express und die Josefstadt. „Bis zur Burg habe ich es nicht geschafft, aber bis zur Purkersdorfer Waldbühne." Da ist er wieder, der berühmte Picherl-Humor. Mit 17 gründet er sein erstes eigenes Theater, die „Bühne 21". Ein Gassenlokal in der Anton-Bosch-Gasse. Eine junge Truppe von zehn bis 15 Leuten lebt ihren Traum. Ob Boulevard-Stück, Komödie, Musical, Operette oder Kabarett – alles ist erlaubt. Die kleine Bühne hat Erfolg, die Leute kommen und haben Spaß, 20 Jahre lang. 2000 dann die große Chance. Das Gloria Kino auf der Prager Straße sperrt zu. Ein Jahr lang wird umgebaut, dann erschließen sich dem Herrn Direktor gleich drei Bühnen auf einmal. Das Gloria Theater, das Gloria Kabarett und das Gloria Varieté, ein Stück Floridsdorfer Jugendstil. „Ich wollte Floridsdorf kulturell an Wien anbinden. Das ist mir gelungen. Heute kommen Gäste aus ganz Wien hier heraus." Floridsdorf, das ist für Pichowetz mehr als nur Heimat. Es ist sein Leben. „Ich lebe am Land und in der Stadt gleichzeitig, das gefällt mir. Ich würde nie von hier wegziehen"

Lustig sein, da wird man manchmal hineingedrängt. Das war auch die Rolle des Fünfer Franzi im Kaisermühlen-Blues. Ein unglaublicher Erfolg, doch irgendwann, wenn einem jeder auf der Straße „Bim Bim" nachruft, geht's nicht mehr. Gerald Pichowetz hat den Ausstieg geschafft, spricht hin und wieder Werbespots oder synchronisiert ein Schwein wie das namens Babe in der österreichischen Dialektfassung und er lebt seinen Direktoren-Traum. Mitten in Floridsdorf.

Es war einmal

Erika Pluhar, geboren am 28. Februar 1939. Schauspielerin und Schriftstellerin

Die Stimme hatte sie immer schon. Die Mutter erzählte, dass sie ihr Baby schon auf der Säuglingsstation aus allen anderen herausgehört hat. Die wenige Stunden alte Erika röhrte in Bass. Erika Pluhar, es war einmal, und es war einmal schön. Das Serge-Reggiani-Lied, dessen deutsche Interpretation ihr André Heller auf den Leib geschrieben hat. Es liegt irgendwie auf der Hand, das jetzt zu zitieren. Und irgendwie doch nicht. Denn das schäbige graue Wohnhaus aus den 30er-Jahren, Erika Pluhars Kindheits-Zuhause, gleich neben dem Bahndamm in der Brünner Straße, ist alles andere als schön. War es auch nie. Keine zehn Jahre alt war Erika Pluhar, als sie mit den Eltern zum ersten Mal nach Floridsdorf kam, die neue Wohnung besichtigen. Ende der 40er-Jahre muss es gewesen sein, die staubige Brünner Straße ging es hinaus, vorbei an der Lokomotivfabrik. Ländlich war es hier. Links, nach dem grasbewachsenen Bahndamm, stand das Haus mit den grünen Balkons, in dem sie erwachsen werden sollte. „Ein hässliches Haus", dachte sie. Aber im Hof blühten die Schwertlilien, Lindenbäume ragten bis zu den Balkons im zweiten Stock und bei der Klopfstange stand die Hilde Bruckmüller und grinste breit. „I bin die Hilla. Und wie haßt du?"

Jahre später fährt Erika Pluhar wieder die Brünner Straße hinaus. „Auf meinen alten Pfaden." Die Straße Richtung Nordrand der Stadt entlang, erinnert sie sich an die Orte ihrer Kindheit: „Im Schlingerhof sah man noch die Einschusslöcher aus dem Bürgerkrieg ... Die Arbeiterbewegung, der wirkliche Sozialismus, waren hier noch spürbar." Sie summt das Lied der Arbeit, schmunzelt, als sie sich daran erinnert, wie man die besseren Leut damit schockieren konnte. Sie, die Pluhar. Dort das Hutgeschäft, mit der Tochter der Besitzer ist sie in die Schule gegangen. Links stand das Gasthaus Ziffer. Die Tochter der Wirtsleute, Frauke, war so etwas wie eine frühe Bühnenkonkurrentin, denn sie war die erste, die einen Schlager dieser Zeit nachsingen konnte. Zwischen Feuermauer und Spielplatz stand sie und trällerte „Wenn auf Capri die rote Sonne ...". Floridsdorf sieht nicht mehr so aus wie damals, als es noch die vertraute Vorstadt war. Wo in den Hinterhöfen Flieder und Nussbäume blühten. Jetzt ist alles verbaut hier. "Nicht nur Floridsdorf hat sich verändert. Wenn man 70 Jahre gelebt hat, hat sich alles verändert, es ist lawinös." Das Haus ihrer Kindheit. „Wenn ich das heute sehe, weiß ich, wie lang ich schon gelebt habe. Manchmal habe ich das Gefühl, es waren schon mehrere Leben."

Floridsdorf war Kindheit und Jugend, „hat mich für mein Leben gut vorbereitet. Ich habe Armut gesehen und gespürt. Hier habe ich die Menschen, die Arbeiterfamilien, das Volk kennengelernt." Später dann, am Theater, ist sie auch am besten mit den Arbeitern ausgekommen. Den Bühnenarbeitern, den Garderobieren. „In Floridsdorf hab ich die Verbundenheit zu den Menschen gelernt." Auf dem Misthaufen neben ihrem Wohnhaus inszenierte sie ihre ersten Theaterstücke. Selbst schreiben, erste Geschichten und Gedichte, das begann früh. Die erste Novelle schrieb sie mit 13, „Die Rote Rakete." Selbst spielen, davon träumte Erika, als sie im Weltbildkino Gregory Peck sah. Und William Holden in „Alle Herrlichkeit auf Erden". Was für ein Film! „Ich habe in der Kirche gebetet, dass ich ins Kino hinein darf." „Die Geschichten waren immer der Halt in meinem Leben. Deswegen wollte ich schreiben, ins Theater, ins Kino." Die Möglichkeiten, Leben zu schaffen. Deshalb ist sie geneigt, die Dinge versöhnlich enden zu lassen. Mit einem „Trotzdem": „Was ich in meinen Büchern immer für klasse Männer getroffen habe!" Die Bühnenluft kam zu ihr in die Schule, ins Gymnasium Franklinstraße, als die verehrte Frau Direktorin Stella Klein-Löw einen Besuch von Burgschauspielern organisierte. Dem Schauspieler Helmut Janatsch stellte die Frau Direktorin die begabte Erika vor: „Die Kleine möchte gerne Schauspielerin werden." Der spätere Kollege antwortete mit getragener Stimme: „Ja, das ist ein schwerer Beruf." Mehr als 50 Jahre später schmunzelt sie noch bei der Erinnerung daran. Damals in der Vorstadt, das war auch eine gute Zeit für Kinder. Das Kinderglück im Hinterhof konnte auch der Hausbesorger Schuran nicht trüben, wenn er aus seiner Hausmeisterwohnung heraus keifte „Vaschwind's, es Gfrasta!" „Wir spielten barfuß im Hof, waren traurig, wenn wir abends heim mussten. Auch das zerstörte Wien gehört zu meiner

„Die Geschichten waren immer der Halt in meinem Leben. Deswegen wollte ich schreiben, ins Theater, ins Kino."
Rechts: Familienausflug zu den Donauwiesen

Kindheit und ich hatte es irgendwie gerne. Das klingt seltsam, aber ich war so froh, dass der Krieg vorbei war. Wir kletterten über die Schutthaufen und dachten: „So ist die Welt." Das grimmige Bellen des Hausmeisters trieb die Kinder in den Keller, wo sie dicht aneinandergeschmiegt auf der Kohlenkiste kauerten. Der Beilner Heinzi, klein und zierlich mit hervorquellenden Augen, schmiegte sich an sie. Sommertage im Angelibad, Spaziergänge in der Schwarzlackenau mit ihrem Dackel Maxi, auf den wilden weiten Donauwiesen, die es heute nicht mehr gibt. Auch die Gaumenfreuden der Nachkriegszeit sind unwiederbringlich. Nie wieder schmeckte ein Schmalzbrot so gut wie bei der Hilla daheim, wenn sie „jausnen" gingen. Die mit Schmalz bestrichenen Brote wurden auf der Herdplatte geröstet, ganze Knoblauchzehen wurden zerdrückt und daraufgeschmiert. Bei der Hilla hörte sie auch zum ersten Mal das Lied der Arbeit, die Mutter daheim war schockiert angesichts dieses „Kommunistenliedes". Schlimm genug war es schließlich, dass man im „Russenbezirk" wohnen musste. Von Weitem sah Erika den Usia-Stern leuchten. In einer Zeit, in der es kaum Leuchtreklamen gab, hatte der rote Stern der Usia, die sowjetisches Eigentum in Österreich und das, was man dazu erklärte, verwaltete, eine magische Wirkung auf sie. Die sowjetischen Besatzer hatten die naheliegende Lokomotivfabrik unter die Usia-Verwaltung gestellt. Das Kind Erika lebte in einer Armeleutegegend in einem russisch besetzten Bezirk. Das Leuchten des roten Sterns auf der sommerlichen Brünner Straße ist trotzdem eine schöne Erinnerung.

Das Haus in der Brünner Straße 63 ist nicht schöner geworden in den vergangenen 50 Jahren. Aber im Hof stehen noch die Linden, die Erika damals, als sie mangels eines eigenen Zimmers auf der Veranda der winzigen Wohnung ihr Jungmädchenreich einrichtete, mit ihrem Blätterrauschen in den Schlaf wiegten. Das Lärmen der nahen Bahn und der Lokomotivfabrik wurde mit den Jahren wie das dazu passende Schlaflied. „Ich hab mich auf meine Veranda zurückgezogen und mir eingebildet, ich hab ein Zimmer. In den Baum habe ich sehnsuchtsvoll hinausgeblickt", sagt sie, erstaunt, dass sich die Hinterhofidylle erhalten hat. „Dass man die Linden so hat wachsen lassen ..." In den Himmel scheinen sie gewachsen zu sein seit damals. Sie geht um den Baum herum, dessen Blüten ihre kleine Veranda im Sommer mit Düften überschwemmten. Efeu ist gewachsen und hat den Baumstamm fast vollständig zugedeckt. Sie fährt mit der Hand über die Rinde, tätschelt den Baum. „Also, alter Freund." Ein Blatt zur Erinnerung.

Links: Ausflug in die Vergangenheit. Erika Pluhar besucht ihr altes Schulgebäude in der Franklinstraße.

„I muaß den Bruckhaufen vertreten."

Willi Resetarits, geboren am 21. Dezember 1948. Musiker, Kurtologe und Ehrenpräsident des Wiener Integrationshauses

I sog immer: Floridsdorf ist ein unterschätzter Bezirk. Als Floridsdorfer bin ich der Bruckhaufen-Vertreter. Is a super Gegend." Das war nicht immer so. Bis in die 60er-Jahre wurden Teile des Gebiets zwischen der Wagramer Straße, der Siedlung Bruckhaufen, der Arbeiterstrandbadstraße und dem Hubertusdamm als Mülldeponie genützt. Nach der Sanierung hat man hier anlässlich der Wiener Internationalen Gartenschau 1964 den Donaupark errichtet. Samt eigener Schnellbahnstation: „Wien Strandbäder"
Besiedelt wird der Bruckhaufen schon lange. Auch fahrende Völker lebten hier, Roma, Sinti, Lovara, die sind dann nach und nach hier sesshaft geworden. Passt gut zu Willi Resetarits, ehrenamtlicher Flüchtlingsbetreuer. Geboren in Stinaz im Südburgenland, als Kind nach Wien gekommen, zuerst nach Favoriten, wo er in der Nähe der Ostbahn gelebt hat, mit zwölf dann nach Floridsdorf. „Ich habe viele Heimaten."
„Der Bruckhaufen, das waren einmal die Slums von Floridsdorf. Miststierler und Koksbegerer haben hier gewohnt. Die haben Koks wie aus einem Bergwerk rausgegraben aus der Deponie, die konnte man nämlich noch verwenden. Wenn wir Kinder auf den Donauwiesen gekickt haben, haben uns die Kleinkriminellen vom Bruckhaufen beschützt. Und wenn uns wer im Wirthaus deppert ang'redt hat, auch. Der ‚Nega', ich weiß nimmer, wie der wirklich geheißen hat, der hat immer gesagt: ‚Die losst's in Ruah, weu die gengan in d'Schui.' Weil man war stolz darauf, dass vom Bruckhaufen welche in die Schule gingen."
Heute sind die Grundstücke hier begehrt, kaum mehr leistbar. Die eine oder andere Vorstadtvilla steht hier. Früher war hier eindeutig die Arbeiterschaft daheim. Wegen der Deponie hat man den Grund günstig bekommen, in den 60ern wurde viel gebaut. Reste der früheren Wildnis hat man noch gespürt. „1963 hab ich noch einen Rehbock hier gesehen, der ist aufgescheucht durch die Siedlung gelaufen."
Die Eltern, Valentin und Angela Resetarits, haben 1958 einen Pachtgrund am Bruckhaufen bekommen. Bekannte aus Stinaz waren auch hier. Der Vater war Maurer, das Haus haben sie selbst gebaut, auch Willi und sein älterer Bruder Erich, heute bekannt als Lukas, haben mitgeholfen. „Zuaroarchen" hat das geheißen. Auch die Verwandtschaft hat mitgearbeitet, die Mama hat gekocht. Ein Cousin bestand jeden Sonntag auf Krautfleisch. Ansonsten gab es kroatische Tradition, alle Arten von Strudel. Gefüllt mit allem, was man daheim hatte.

Links: Mit Bruder Erich. Heute bekannt als Lukas. Rechts: Familienfeier 1963, mit Vater Valentin und Mutter Angela.

Kraut, gerissene Erdäpfel, Kürbis, alle Obstsorten. „An den Teig kann ich mich besonders gut erinnern: Faszinosum meiner Kindheit war, der Oma und der Mutter beim Teigausziehen zuzuschauen. Das war das Wichtigste für eine junge Frau: Teigausziehen können. So dünn, dass man Zeitung durchlesen konnte." Heute lebt Willi Resetarits wieder hier. Die Mutter starb 2002, das Haus in der Rehgasse ist an ihn gegangen. Die Rückkehr nach Floridsdorf. „Es war klar: Ich will hier her." Obwohl: Ganz weg war er nie. Er und seine drei Kinder, zwei schon erwachsen, einer gerade dabei, haben die Oma oft besucht. In einem Haus, in dem man aufgewachsen ist, hat man eine selbstverständliche Art zu wohnen. Zweimal wurde das Haus mittlerweile umgebaut, aber die Bausubstanz von damals ist noch immer tadellos: „Der Vater hat nicht mit Zement gegeizt." Zum Birner-Wirt geht er heute noch immer gern, wie vor bald 60 Jahren schon mit den Eltern. „Als Kind hab ich beim Birner Schnitzel gegessen, heute am liebsten Rindfleisch. Das koch ich auch selber gern. Das bestell ich immer vorher beim Fleischer am Hoßplatz. Ein bissl durchzogen muss es sein, dazu klassische Beilagen, Apfelkren, Semmelkren, g'röste Erdäpfel, Schnittlauchsauce. Ich bestehe auch auf Spinat."

GAGGIA

Früher waren oft Pfarrfeste hier. „Die Kroaten aus dem Burgenland waren sehr katholisch. Als Kind war die Frage: Jungschar oder Rote Falken? Als Kroate war man bei der Jungschar. In der Kirche am Bruckhaufen war ich bis zwölf Ministrant. Ich hab dann zwar später nimmer dran geglaubt, aber die Leute dort trotzdem weiter besucht. Ich war nie ein militanter Atheist."
„Vom Birner Steg sind wir als Kinder gesprungen. Das ist uns sehr hoch vorgekommen. Immer wieder ist da wer ersoffen. Es war ein vertrautes Bild als Kind: eine Leiche, mit Packpapier bedeckt, ewig warten auf die Polizei. Gebadet haben wir am ‚Schoder', das war eine Schotteranhäufung vom ehemaligen Schotterwerk." Die Schule war in der Ettenreichgasse im Zehnten. Eineinhalb Stunden Fahrt, zuerst mit der Bim. „Die alten Amerikaner haben mich fasziniert. In den USA haben's damals die Bim abgeschafft, die alten Wägen nach Wien verschenkt. Die sind auf der Linie 31 gefahren, hatten schon pneumatische Türen und gepolsterte Sitze." Später dann Schnellbahnfahren und Rauchen: „Da hat es noch Raucherabteile gegeben, da saßen immer dieselben Leute am selben Platz. Ich war auch immer im Raucherabteil und hab mitgeheizt. Der Coolness-Faktor beim Rauchen unter 16 war hoch."
„Reserl haben's zu mir gesagt in der Schule. Damals hat man sich in der Schule ja noch mit Familiennamen angesprochen. Ich glaub, ich war ein sehr weiser Schüler. Hab mit Minimalaufwand vermieden, irgendwo aufzufallen, immer meine sicheren Genügend gehabt. Als Kind war ich ein guter Schüler, bis die Beatles-Musik aufgekommen ist. Ich mochte Beatles und Stones gleichermaßen, mit Tendenz zu Stones. Aber Rubbersoul oder Sgt. Pepper von den Beatles haben mich musikalisch schon überzeugt. Wir hatten lange keinen Plattenspieler, das war wie beim Fernsehen: Man ist zu Freunden gegangen, um Platten zu hören." „Ins Kino sind wir viel gegangen, ins Poppenwimmer auf der Donaufelder Straße und ins Weltbild, das war bei der heutigen Abfahrt der Nordbrücke zur Prager Straße. Dort hatten sie zwei Öfen auf einer Seite. Im Winter sind alle dort gesessen. Zwischen den Vorstellungen ging die Dame mit dem Tannennadelspray durch."
„Bis zum Auftauchen der Stones war ich immer sehr sportlich. Hatte statt einem Hirn einen Fußball. Gespielt hab ich beim FAC, der hatte früher seinen Platz hier in der Nähe. Erst als die Admira dann in die Südstadt gezogen ist, ist der FAC in das Stadion an der Hopfengasse. Rechtsaußenpracker war ich. Stopper neben

mir war der Adam Wickerl, auch aus einer alten Jedleseer Familie. Wie dann die Stones gekommen sind, hab ich den Fußball durch die Gitarre ersetzt."

„Der Fernseher kam 1961, aber es war eine dürre Zeit, was das Programm betraf. Da gab es eine legendäre TV-Sendung mit den Beatles. Das Fernsehen hat sich abgesichert, damit es nicht zu verrucht wird, hat man den Bronner drübersprechen lassen, der das kommentiert hat. Das war ja noch die Zeit, da hast du nicht mit langen Haaren in die Schule kommen dürfen. Der Direktor hat einen geholt, die Frisur begutachtet und gesagt: ‚Am nächsten Tag kannst wieder kommen mit geschnittenen Haaren.' Man hat alle Tricks versucht. Die Haar' möglichst nicht gewaschen und hinter die Ohren und gesagt, ja, wir waren beim Friseur. Mein Bruder hat das auch so gemacht."

Mit 15 dann die erste Band. „The Odds", Willi war immer Sänger. „Ich hätte gern Schlagzeug gelernt, hatte aber kein Geld. Dafür hab ich singen können. Wir haben Stones, Kinks, Pretty Things gecovert. Dann bald Soul. Otis Redding, Wilson Picket, Sam & Dave." Erich hatte als erster eine eigene Band. „Jerry and the G-Man". Benannt nach Jerry Cotton. Willi durfte dort manchmal singen.

Die ersten Lieben? „Die wussten meist nichts von ihrem Glück, weil ich so schüchtern war. Vielleicht wären sie eh interessiert gewesen. Mein Bruder, der Erich, der war ned schüchtern. Der hat das Gespräch gesucht und gefunden. Wir waren elf und zwölf, da haben wir zwei Freundinnen kennengelernt. Die Ältere, die Feschere, hat Vera geheißen, die gehörte natürlich meinem Bruder. Der war unbefangen mit den Frauen. Ich war nicht in der Lage, bekam immer einen trockenen Hals. Mein Bruder war mein Vorbild. Ich fand ihn sehr fesch."

„Ich würde es so ausdrücken: Mein Bruder und ich haben alles gemeinsam gemacht. Er würde wahrscheinlich sagen: I bin ihm ned obakreut."

„Meine erste richtige Freundin hatte ich in der Oberstufe, abwechselnd mit meinem Freund Manfred. Wir sehen einander manchmal bei Maturatreffen, er hat lang im selben Haus wie ich gewohnt, er war Mathelehrer. Jetzt ist er in Pension." Dass der Erich und der Willi beide ihr Studium an den Nagel gehängt haben – Willi studierte Lehramt Sport und Englisch – war für die Eltern schwierig: „Der Vater war entsetzt. Die Eltern haben ja viel dafür getan, dass es den Kindern einmal besser geht. Für die gute Schulbildung sind wir ja nach Wien gezogen. Meine Freunde aus dem Südburgenland hatten alle nur Hauptschulabschluss, sind Bauarbeiter geworden. Unser Bruder Peter, zwölf Jahre jünger,

Links: Frühe 80er. Damals hat es keine Demo ohne „Die Schmetterlinge" gegeben. „Die Kiberer haben uns schon gekannt und immer gefragt, wann die Demo wieder vorbei ist."
Rechts: 1970 in der Rehgasse

erfüllte dann den elterlichen Studientraum. Wir haben ihn sozusagen betreut." Ein bisschen beruhigt hat den Vater dann der große Erfolg der „Schmetterlinge". Bis die musikalische Karriere in Gang kam, jobbte Willi Resetarits als Hilfsarbeiter am Bau, in einer Floridsdorfer Molkerei und in der Ankerbrotfabrik: „Sehr romantische Erinnerung: 1000 Kilo Mehl vom Dachboden in den Trichter schütten." Und wie viele andere später berühmte Floridsdorfer war er einmal Postler. Zusteller in Stammersdorf.
„Transdanubien ist ein schönes Wort. So ein altmodischer Ausdruck, wie ‚Cisleithanien'. Floridsdorf ist diskriminiert. Es war immer außerhalb. Na, Hauptsache es ist nicht Hauptstadt von Niederösterreich geworden."

Allein unter Männern

Sabine Spindler-Spitzer, geboren am 4. August 1968. Geschäftsführerin Günther Spindler GmbH und Lohberger Transporte

Es war kein leichtes Erbe, das Sabine Spindler-Spitzer im Jahr 2006 antreten musste. In der vierten Generation wurde ihr die Geschäftsführung der beiden Familienbetriebe Günther Spindler Transporte und Lohberger Transporte übergeben. 130 Angestellte, darunter 115 Männer. Einige Arbeiter sind seit mehr als 30 Jahren für das Unternehmen tätig. „Die kennen mich seit ich ein Kind war, da ist es manchmal schwierig, wenn sie heute Chefin zu mir sagen."

Leicht gemacht hat es sich die quirlige, resolute Rothaarige selbst aber auch nie. Sie verlangt viel von sich und von ihren Mitarbeitern. Das liegt in der Familie. Seit Kindertagen war klar, dass sie und nicht ihre Schwester Gaby das Familienunternehmen übernehmen wird. „Ich wurde sicherlich dahingehend erzogen." Obwohl sie gerne etwas anderes gemacht hätte. Wenn man die studierte Betriebswirtin nach ihrem ersten Berufswunsch fragt, beginnen ihre Augen zu leuchten: „Lehrerin wäre ich gerne geworden. Unterrichten, das war mein Traum."

Heute lebt sie den täglichen Spagat zwischen berufstätiger Frau und dreifacher Mutter. Und wie das Leben so spielt, scheint sich ihre eigene Geschichte zu wiederholen. Die mittlere Tochter Pia (7) hat das Zeug zur Geschäftsfrau und wird schon jetzt auf den Chefsessel vorbereitet. Die älteste Tochter Lisa (10) und der kleine Marc (2) sind aus dem Schneider.

Aufgewachsen ist Sabine Spindler in der Amtsstraße in Großjedlersdorf. Die Spindlers sind eine alteingesessene Familie im Bezirk. Ihre Vorfahren lassen sich bis ins 16. Jahrhundert zurückverfolgen. Bis zum Anfang des 20. Jahrhunderts waren die Spindlers Landwirte. Angefangen mit dem Fuhrwerkgewerbe hat Ur-Großvater Anton Spindler (1883–1929), der ab 1912 Pferde zur Beförderung von Gütern verwendete. Durch die Industrialisierung kam 1928 der erste Lkw ins Haus. 1933 übernahm Anton Spindler (1912–2002) den väterlichen Betrieb und erweiterte das Unternehmen auf die Sparten Sand- und Schottergewinnung.

Als Floridsdorfer Unternehmerstochter wuchs Sabine anders auf als die meisten Kinder hier. In den Kindergarten und die Schule pendelte sie ins noble Döbling. In der Klosterschule drückte sie mit den sogenannten besseren Töchtern bekannter Familien die Schulbank. Die Manner-Tochter, die Michelfeit-Tochter oder Peter Alexanders Tochter waren ihre Schulkameradinnen. Während Sabine nach Schulschluss mit der Bim zurück nach Floridsdorf tingelte, wurden die anderen Mädchen vom Chauffeur abgeholt. Nach der Unterstufe wechselte sie

Teenager Sabine: Seit Kindertagen war klar, dass sie die Firma übernehmen wird.

an die HAK in der Franklinstraße. Im Gegensatz zu Döbling waren hier Arbeiterkinder ihre Kolleginnen. Und auch hier war sie wieder die Außenseiterin. „In der Franklinstraße hieß es wieder, ich bin die reiche Tochter und werde sicher vom Butler geweckt." Freunde aus dem Bezirk hatte sie nur wenige.

Die Zerrissenheit blieb nicht, heute lebt sie in Floridsdorf aus Überzeugung. „Wegziehen würde ich hier nicht. Der 19. Bezirk hat mich nie gereizt. Weiter als bis zum Spitz hab ich es nie von Großjedlersdorf weg geschafft." Zu Studienzeiten – es war klar, dass die Wahl auf Betriebswirtschaft fallen würde – wohnte sie in einer kleinen Studentenwohnung Am Spitz. Neben Abstechern ins Fichtl und zum Benner schmiss sie in ihren Jugendtagen selbst Partys in ihrer Wohnung. Richtig ausgehen, Disco und so? Nein, das war nicht ihres.

Die Sommer verbrachte sie in der Kuchelau. Die Eltern hatten ein Motorboot im Hafen. Oder beim familieneigenen Heurigen in der Frauenstiftgasse in Jedlersdorf. Mit dem Schäferhund ging es in die Weingärten des Onkels, dort half man mit den Cousinen bei der Weinlese. Onkel und Tante hatten vier Kinder. „Mit denen war ich viel zusammen. Den Weinbottich haben wir zum Schwimmen umfunktioniert. Eine schöne Zeit."

„Und", hält sie kurz inne, „jetzt hätt ich's fast vergessen, natürlich waren wir viel auf den Rallye-Strecken", wenn Papa Günther Spindler, der Autonarr, wieder ein Rennen fuhr. Ein Jochen-Rindt-Typ war der Vater, draufgängerisch und ein echter Frauenschwarm. Rallye-Cross fuhr er, Truck-Race und den Carrera Cup. Im Jahr 1989 holte er sogar den Titel des Vize-Europameisters im Truck-Rennen. 1995 der Schock: Mit 260 Sachen hatte er einen schweren Unfall. Die

SPINDLER

Liebe zur Geschwindigkeit und zum Porsche blieb dennoch ungebrochen. 2006 dann die Entscheidung des Vaters, die Leitung des Unternehmens an die Tochter zu übergeben. „Es ist ihm sehr schwergefallen aufzuhören. Er ist halt der alte König."

Den Lkw-Führerschein hatte Sabine 1986 in der Tasche, nach dem Studium dann die Unternehmensprüfung Güterverkehr und mit 25 Jahren der Einstieg in den Betrieb. „Das war alles andere als einfach. Der damalige Direktor behandelte mich wie ein Lehrmädchen, ich hatte Visa-Anträge zu bearbeiten und kümmerte mich um den Auslandszoll. Dann übernahm ich die Disposition von 42 Lkws, die nach Russland Medikamente auslieferten. Ich hatte viele Ideen, doch dem damaligen Direktor passte nichts was ich tat, irgendwann hat er dann gekündigt. Als Frau in der Branche ist es schwierig. Man muss wesentlich besser sein als ein Mann und sich den Respekt der Kollegen hart erarbeiten." Wer ein Anerkennungsproblem hat, der fliegt.

Den Mann ihrer Träume traf sie, wie könnte es anders sein, im Unternehmen. „Er war der Mann fürs Heikle. Wenn wir einen Transport nach Weißrussland zu organisieren hatten, hieß es in der Firma ‚Ruf ma den Spitzer an'. Der mocht des scho. Er war ein cooler Typ." Schon das erste Treffen war cool. Der Weinviertler stellte sich vor mit den Worten: „Du studierst auf lässig, gell?"

Vater und Mutter war die Wahl ihrer Tochter nicht ganz geheuer. Die Verbindung der Eltern war eine Hochzeit zweier großer Transportunternehmen – die Kinder von Spindler und Lohberger schlossen den Bund fürs Leben. Es war Liebe, die sich doch sehr gut traf. Bei der Tochter hätte es ebenfalls ein Industrieller aus gutem Haus sein sollen. Aber Sabine hat sich noch nie etwas dreinreden lassen.

Bravo Girl

Brigitte Biedermann, Autorin

Großfeldsiedlung, 1980er-Jahre. Flaschendrehen, Willst Du mit gehen-Zettel, Dirty Dancing-Poster, Commodore-Computer, Vierteltelefone. Der Ausweg für ein Freizeichen war meist nur die Telefonzelle ums Eck. Treffpunkt: Bushaltestelle. Die ersten nächtlichen Ausflüge in die Stadt habe ich mit 15 unternommen. Um zehn musste ich zu Hause sein. Als wir nach einer Stunde Warten endlich ins Mekka unserer Teenagerzeit, dem Atrium am Schwarzenbergplatz, eingelassen wurden, drehte ich mich zu meinen Freundinnen und sagte: „Ich muss jetzt wieder heim." Eine Stunde war ich unterwegs, zuerst mit der U1, dann mit der 25er-Bim und dann noch ein paar Stationen mit dem 29A. Eine kleine Weltreise. Wohnen in der Stadt? Ein Traum.

„Mein Papa der Held."

Irgendwann stellte ich meinem Papa die Frage aller Fragen: „Warum wohnen wir eigentlich hier draußen?" Die Frage war nicht unberechtigt. Mein Papa stammt aus Penzing, meine Mutter aus dem Waldviertel. Mein Papa antwortete: „Ich wäre ja im 14. geblieben, aber die Mama wollte ins Grüne." Es wurde also die Großfeldsiedlung. Heute frage ich mich, wie mein Leben verlaufen wäre, wenn ich im 14. aufgewachsen wäre. Vielleicht gar nicht so anders. Vielleicht aber doch. Unbewusst hat mich die Großfeldsiedlung abgehärtet. Alkohol, Drogen, Arbeitslosigkeit. Als Kind bekommt man wenig mit. Erst später wurde mir klar, welche Schicksale meine Schulfreundinnen zu bewältigen hatten. Die Mutter der besten Freundin Alkoholikerin. Schulkameraden, die sich mit 15 den Goldenen Schuss setzten. Die beste Freundin an der Nadel. Kein Ort für die vielen Teenager, die hier lebten, aber nicht wussten, wo sie nach der Schule hin sollten. Nach Hause war keine Alternative. Niemanden wunderte es, als die ehemalige Länderbankfiliale, in die ich zum Weltspartag stolz mein Hippo-Sparschwein brachte, irgendwann zum Drogenberatungszentrum wurde.
Wir lebten inmitten dieser Schicksale. In unserem eigenen, kleinen Kokon. Ich hatte eine schöne Kindheit. Behütet aufgewachsen. Meine Mama zu Hause, mein Papa der Held, der auf jede meiner Fragen eine Antwort wusste. Streng war er. Richtig Ausgehen durfte ich zum ersten Mal mit 18. Als mich der Papa mit 14 fragte, was ich mir zum Geburtstag wünsche, sagte ich: „Zehnmal bei meiner Freundin übernachten." Seine Antwort: „Du kriegst ein Fahrrad." Ich wollte sofort mit meinem Pumuckl-Koffer ausziehen. Bobfahren am Rodelberg, der mir heute wie ein Maulwurfhügel vorkommt, das Wald-Universum hinter dem Haus, das eigentlich nur ein Streifen ist, die Sommer im Großfeldsiedlungsbad, Esspapier kaufen in der Kondi im Ekazent, stundenlange Wanderungen ins Donauzentrum. Meine Mutter war Frischluft-Fanatikerin.
Mit 14 saß ich auf der großen Wiese gegenüber dem Schwimmbad und las Bravo Girl und die Wienerin. Ich beschloss, Journalistin zu werden. Und irgendwann mal mitten in der Stadt zu wohnen.

Kinder-Schwimmen

Barbara Mader, Autorin

Hallenbäder hab ich immer gemocht. Den Chlorgeruch. In der Früh, wenn nur die Tempi einiger schweigsamer Schwimmer die Stille durchbrechen. Wenn die Schwimmzüge das Wasser zur Seite schaufeln und rauschen lassen. Hier wirkt alles schallgedämpft. Als wäre zwischen draußen und drinnen eine Watteschicht.

Das Floridsdorfer Hallenbad ist das schönste Bad von allen. Hier hab ich schwimmen gelernt. Jeden Donnerstag hat mich meine Mutter mit ihrem goldenen Auto vom Kindergarten neben der Leopoldauer Kirche abgeholt. Einmal hatten wir einen Unfall, Totalschaden. Ich hab überhaupt nicht kapiert, was los ist, aber ich war unglücklich, weil ich nicht zum Schwimmunterricht konnte. Trotzdem

1975: Auf der Gstätten in der Großfeldsiedlung

hab ich schwimmen gelernt. Gut sogar. Als Teenager bin ich viele Jahre freiwillig um sechs Uhr früh aufgestanden und vor Schulbeginn – das Gymnasium Franklinstraße steht gleich gegenüber dem Hallenbad – schwimmen gegangen. Die Schwimmhalle ist mir damals so groß vorgekommen. Das Schönste war, vor einem Schwimmwettkampf auf dem Startblock stehen, sich hinunterbeugen, die Fingerspitzen zu den Zehen, die Knie leicht angewinkelt, der Blick konzentriert aufs Wasser. Ich hab mich stark gefühlt, wichtig. Nichts ist so blau wie dieses Wasser. Es liegt ruhig vor dir, wartet auf dich. Das Wasser hat mir immer Selbstbewusstsein gegeben, das Gefühl, dass ich etwas richtig gut kann. Kraulen, Brustschwimmen, Rücken. Delfin. Meine Spezialität war Lagen, also alle vier Techniken hintereinander. Ich war sehr ausdauernd. Wenn ich dann mit nassen Haaren in die Schule gekommen bin, hat das Gefühl von Selbstbewusstsein noch ein bisschen angedauert, aber nicht lange. Ich war eine schlechte, faule Schülerin. Das einzige, mit dem ich mir ein bisschen Respekt verschaffen konnte, waren meine Schwimmerfolge.
Der Weg von den Umkleidekabinen zur Schwimmhalle war weit. Die Frauenumkleidekabinen lagen im zweiten Stock, groß und weiß hab ich den Raum in Erinnerung. Von den Duschen („Brausen") musste man zwei Stockwerke durch ein Treppenhaus an der Außenseite des Bades, eine Wand war aus Milchglas. Der Weg, bis man endlich die warme Schwimmhalle erreicht hatte, kam mir endlos vor, ich fror ...
Das städtische Hallenbad in der Großfeldsielung, wo ich aufgewachsen bin, wurde Ende der 70er gebaut, vielleicht sogar später. Davor war hier eine Gstätten. Die war mir lieber als das Bad. Das lag wahrscheinlich am Bademeister, den konnte ich nicht leiden. Ich hatte als Kind kurze Haare (damals waren viele Eltern der Meinung, das sei gut für Haar und Kopfhaut) und der Bademeister hat mich immer blöd gefragt: „Na, kriegst du einen roten oder einen blauen Schlüssel?" Ich bin ein nachtragender Mensch. Der Bademeister arbeitet heute in einem anderen Bad. Ich hab ihn einmal für meine Arbeit als Journalistin besucht. Er hat mich nicht erkannt, aber ich hab mir sofort gedacht: „Du bist der, der mich als Kind immer sekkiert hat, weil ich wie ein Bub ausgeschaut hab." Ich bin heute noch eine gute Schwimmerin.

Bildnachweis:
Alle Fotos von filzstiefel.at mit Ausnahme der Jugendfotos der Porträtierten. Diese stammen aus den jeweiligen Privatarchiven.

2. Auflage

Verlagsbüro W. GmbH

Printed in the EU
ISBN 978-3-99300-033-2